Georg Hermann

Spaziergang in Potsdam

Nachricht aus einer
versunkenen Stadt

Für die im Buch erwähnten Bauten, Straßen und Plätze
finden Sie Landkarten und Stadtpläne auf
verlag.cbloess.de

Verlag Christian Blöss

Dem Andenken meiner Frau
Lotte Hermann-Borchardt

23.IX.1896 - 4.II.1926

Bibliografische Information der Deutschen Nationalbibliothek: Die Deutsche Nationalbibliothek verzeichnet diese Publikation in der Deutschen Nationalbibliografie; detaillierte bibliografische Daten sind im Internet über http://dnb.de abrufbar.

Folgende Ausgaben des »Spaziergangs« sind bisher erschienen:

- 1926 im Rembrandt-Verlag, Berlin, mit zahlreichen Zeichnungen von Paul Scheurich
- 1985 im Verlag Das Neue Berlin, Berlin, herausgegeben von Bernhard Kaufhold
- 1986 im Stapp Verlag (Kupfergraben Verlagsgesellschaft), Berlin, mit Illustrationen
- 1996 als Band 14 der von Gert und Gundel Mattenklott herausgegebenen Gesamtausgabe im Verlag Das Neue Berlin, Berlin, mit Verzeichnissen der Straßen, Gebäude und Kunstwerke sowie zahlreichen Fotos und einem Nachwort

Zusätzlich zum Inhalt der Ausgabe von 1926 enthält diese Ausgabe:

- Verzeichnisse der im Text beschriebenen bzw. erwähnten Bauten, Straßen und Plätze
- Personenverzeichnis
- 16 aktuelle Fotos, von derselben Position aufgenommen wie die hier ebenfalls abgebildeten Originalfotos
- Kleines Potsdam-Lexikon
- Biographische Skizze des Autors sowie weitere Anhänge

Herstellung: Books on Demand GmbH, Norderstedt (bod.de)
Aktuelle Fotos: Christian Blöss (cbloess.de), Kathrein Allenberg (kathreinallenberg.de)
Version 1 / Feb 14
ISBN 978-3-934378-04-9

Inhaltsverzeichnis

Einleitung

Ein kluger Mann würde stets vermeiden, in den Verdacht zu kommen, von irgendeiner Sache besonders viel zu verstehen. Denn man wird ihn darauf doch einmal festnageln, und dann wird es zu Tage treten, daß er eigentlich gar nichts davon weiß. Man wird ihn kontrollieren, als Sachverständigen zuziehen und ihm stets zurufen: beweise!

Ich aber, der ich kein kluger Mann hin, habe ungeschickt genug, in weitesten Kreisen den Verdacht aufkommen lassen, als ob ich z.B. gerade ein guter Kenner des alten Berlin wäre, der Biedermeierzeit, und gar besonders von Potsdam. Und so gibt es heimtückische Menschen, die das ausnutzen; und zwar recht geschickt, indem sie, ohne mich doch zu kennen, meine schwachen Seiten herausfühlen. Erst bekomme ich ein Büchlein zugeschickt mit reizenden Photos, netteren Zeichnungen und einem noch sympathischeren Text. Adolf Heilborn reist darin nach Berlin in die alte Innenstadt, nach Charlottenburg; ich finde sogar meines Namens und der Figuren meiner Bücher, selbst Kubinkes[1], freundlich gedacht. All die Jugenderinnerungen tauchen auf, wenn Heilborn erwähnt, wie er, Zille, Erdmann Gräser und mich, Stechtorf und Insektennadeln kaufend, einst vor vierzig Jahren beim würdigen Keitel in der Brüderstraße (ein Schwalbenschwanz, *papilio machaon*, war das Firmenschild!) getroffen hätte. Ich bin schon gerührt, wenn ich mir auch eigentlich sage, daß das vielleicht einer meiner älteren Brüder gewesen sein muß, denn ich persönlich war für Insektennadeln Nr. 5 doch Stammkunde bei Krichelsdorf in der Oranienstraße. Aber was wäre Geschichte ohne Fälschung?!

Und dann ist das Buch so reizend geschrieben, dabei ganz leicht und instruktiv, und steckt voller Wissen um die Dinge. Doch, wie ich den Köder nun so einige Zeit im Mund habe, und ohne den Haken darin zu spüren, vergnüglich daran herumknautsche, wird plötzlich die Schnur angezogen: „Sagen Sie mal, wollen Sie mir nicht so Etwas über Potsdam schreiben? Sie, gerade Sie, denn niemand usw. usw.“ Und noch ganz mit dem angenehmen Geschmack auf der Zunge von dem Heilbornschen Büchelchen, sage ich, ohne mir etwas Böses dabei zu denken: „Ja, warum eigentlich nicht“? Und schon hin ich bis über beide Ohren hineingefallen.

1 In „Kubinke. Die Geschichte eines Berliner Frisörs“ (1910) verfängt sich der Friseurgeselle Emil Kubinke zwischen drei Dienstmädchen eines Berliner Mietshauses und setzt seinem Leben ein Ende, nachdem er mit der Vaterschaft zweier Siebenmonatskinder konfrontiert ist.

In Wahrheit nämlich weiß ich gar nichts Besonderes über Potsdam, habe nicht eine Nacht jemals in Potsdam geschlafen, und es gibt doch schon, wie mir der Herr Subrektor am dasigen Gymnasio H.P.C. Schmidt verrät, 1825, 29.688 Seelen, – darunter 20.858 Seelen evangelischer Christen vom Zivilstande, und 6.592 solche evangelischer Christen vom Militärstande! – die das jede Nacht taten. Wieviel mögen das aber erst heute sein? Ich kenne in Potsdam kaum einen Menschen, geschweige denn eine Seele. Ich war vor 27 Jahren „einen Sommer lang" oft in Wildpark und bin dann später bis 1914 jedes Jahr drei-, viermal einen halben Tag allein oder nicht allein – denn Potsdam ist eine Rokokostadt! – durch die Straßen, Parks oder Schlösser [...] gebummelt (bis heute war ich noch nicht im „Neuen Palais", und wenn ich Ihnen den Muschelsaal nachher besonders schön schildern werde, so glauben Sie mir nicht!). In den letzten zehn Jahren aber wurden meine Besuche stets seltener, und ich glaube, man kann auf das Jahr kaum einen mehr rechnen.

Aber all diese Schlendergänge habe ich im reinsten Sinne als Amateur gemacht, ohne jeden Forschungseifer, nur ganz hingegeben dem Zauber dieser Stadt, die wie eine Oase in einer sonst landschaftlich ungewöhnlich armseligen und fast völlig kunstleeren Wüste liegt. Dabei hat mich – das nur zur Kennzeichnung meiner Einstellung! – Geschichtliches gar nicht gereizt, denn der Militarismus, auf dem Potsdam als Inhalt beruhte, und der ihm nach außen hin seine Note gab, und der es noch heute zum Symbol macht für die, die sonst taub und blind für Potsdams Schönheit sind, war mir von je höchst unangenehm und unbequem. Und ferner habe ich nicht erst jetzt, da das billig ist, sondern vordem, da es noch nicht so wohlfeil und alltäglich war, oft in Zeitungen gegen das gekämpft, was der wilhelminische Ungeschmack in Schlössern, an Denkmälern, und mehr noch in den Gärten und an den Brücken versündigt hatte.

Also, geschichtliche Ausbeute ist von mir nicht zu hoffen. Ich werfe sogar die preußischen Könige durcheinander; von Markgrafen gar nicht erst zu reden. Ich würde mit meinen mangelhaften Kenntnissen von diesen Dingen in keiner Schule der deutschen Republik auch nur nach Untertertia versetzt werden. Und wenn weiter ich bekenne, daß von der ganzen Dynastie der Hohenzollern sich nur zwei meiner Zuneigung erfreuen, so würde es keine Schule in der deutschen Republik gehen, die mich nicht im Bogen hinauswürfe.

Der eine von den beiden ist Friedrich II., genannt der Große. Seines Geschmacks willen und seiner Sehnsucht willen, geistige Menschen um sich zu sehen. Nur habe ich nie begriffen, wie er solch' angenehme und herzgewinnende Eigenheiten mit dem schnöden Handwerk des

Krieges hat verbinden können. Es scheint mir aber auch, sofern er die Wahrheit sagt und schreibt, er hat genug darunter gelitten.

Und der andere ist Friedrich Wilhelm IV. Seines Witzes willen. Außerdem hat er seit Treitschke eine miserable Presse bei der Nachwelt. Der Romantiker auf dem Thron (Pfui!), Schwächling, Pietist, Größenwahn, Säufer. Und mit der Zurechnungsfähigkeit und mit dem Verstande soll es in seinen allerletzten Lebensjahren auch nur noch so-so gewesen sein. In den Märztagen von 1848 hatte ihn das Volk in der Hand, und wenn es nicht die „lieben Berliner" gewesen wären, sondern die „lieben" Pariser, er hätte das „unglückselige Mißverständnis", sich von der Höhe einer Gaslaterne – denn die gab es schon seit den dreißiger Jahren in Berlin – aus ansehen können. Trotzdem: dieser Mann ist eigentlich mein Liebling. Wie ich überhaupt von Witz immer entwaffnet werde, und schwache und begabte Menschen, die im richtigen Augenblick versagen, hoch einschätze.

Aber mehr als das Allernotdürftigste weiß ich eigentlich weder vom einen noch vom andern. Doch, daß wir Friedrich Wilhelm dem Vierten Charlottenhof, Orangerie, Friedenskirche, Pfingstberg usw. danken, das genügt mir, um ihn zu schützen. Aber vielleicht habe ich nur ein Faible, mehr aus dem Gefühl, als aus dem Wissen heraus, für diese beiden Könige, weil ihr Träumen, ihr Witz, ihre Grazie, ihr Geschmack und ihre Sehnsucht in Potsdam in bestechenden und charmanten Formen erstarrt sind, und so bis zum heutigen Tage fortleben.

Ganz in der Ferne verdämmert mir der dickliche Friedrich Wilhelm II., der rotbäckige Genießer; sicherlich ein jovialer Herr. Steinerianer wäre er heute gewesen oder Anhänger des gastfreien Pastors von Elmau. Damals war er noch Rosenkreuzer. Der Frauenfreund wäre er immer geblieben. Ich ahne aus dem Neuen Garten und dem Marmorpalais, daß er keineswegs so schlecht war, wie sein Ruf. In Oesterreich hätte man ihn vergöttert. Für Preußen taugte er nicht. Und auch Wilhelmine Enke, oder richtiger Madame Rietz, oder noch richtiger die Gräfin Lichtenau, eine kunstsinnige und gewiß liebenswerte Dame, scheint mir ein anderes Schicksal verdient zu haben, als, nachdem sie lange Zeit die Geliebte dieses Königs war, weiter lange Jahre auf der Festung Glogau das abzubüßen. Ich für mein Teil brächte nicht den moralischen Mut auf, eine Frau, die die Freude des Lebens meinem Vater gewesen ist, dafür ins Gefängnis zu werfen.

Der Soldatenkönig, der die Geliebte seines Sohnes auf dem Markt Potsdams stäupen ließ, der seine Generäle alle malen ließ für seine Ruhmeshalle – sowie sie starben kamen die Porträts in die sogenannte Totenkammer –, ist mir ganz fremd mit seinem brutal lachenden Tabakskollegium. Und der Große Kurfürst liegt mir in barocker Ferne; ist mir zu unbürgerlich im Stil. Also, Historie ist nicht mein Fall.

Und kunsthistorische Belehrung?! – um Himmelswillen! Da ist so viel und so genau jetzt gearbeitet worden, da gibt's so gute Werke (vom alten Manger an bis zu Zieler und Kania). Was soll ich da noch Besonderes beibringen, was nicht schon weit besser auseinander gelegt worden ist? Oder erwartet man dichterische Verklärung?! Besonders schöne Schilderungen von mir? Auch das ist schon viel besser gemacht worden, als ich das vermöchte. Karl Friedrich Nowak schrieb ein Büchlein „Sanssouci" und Karl Sternaux traf in einer Reihe von Einzelbildern von schöner und starker Sicherheit und Unmittelbarkeit den Stimmungsgehalt dieser Stadt und all ihrer Schauplätze, in denen Historie und Menschen unsichtbar und doch greifbar geblieben sind. Und wenn er etwas weniger darauf Rücksicht nähme, daß es einen 9. November 1918 gegeben hat, und daß in Potsdam nun nicht mehr die Hohenzollern residieren, und wenn er nicht jedes Tonstück deshalb in einen Moll-Akkord ausklingen ließe, wäre das Buch sogar noch netter. Denn es wird ja wohl in zehn Jahren auch noch genug Leser finden, und dann werden z. B. auch die paar nicht nennenswerten Devastierungen, die in Potsdam, Sanssouci oder Pfaueninsel durch rohe Hände in der Revolution geschehen sind, längst behoben sein, und man wird gar nicht verstehen, warum Sternaux deshalb so viel Aufhebens gemacht hat. Denn, ganz gleich wie die Dinge sich entwickeln: Potsdam und Sanssouci werden stets als geschichtliche Stätten die Verehrung Deutschlands haben und der sorgsamen Pflege jeglicher Regierung sicher sein, genau so wie Versailles in Frankreich. Also, wozu diese Töne? Herr Sternaux kennt ja die Literatur über Potsdam gewiß viel besser als ich, und er wird genau wissen, daß man z.B. Sanssouci unter Friedrich Wilhelm III. viel trauriger hat verfallen lassen, als das je unter einem anderen Regime möglich gewesen wäre.

Wenn wir jedoch von dieser Einstellung absehen, muß schon zugegeben werden, daß der Sternaux das beste Buch ist, das mir über Potsdam bekannt ist. Denn, merkwürdig, so viele brauchbare Bücher es über Potsdam als Kunststätte, als Topographie, über seine geschichtliche Entwicklung gibt, so reich z. B. die Quellen über Potsdam in den alten „Mitteilungen des Vereins für die Geschichte Potsdams" im Sello, im Fidicin usf. fließen, so klug kulturhistorisch ein Lichtwark über diese Stadt zu sprechen weiß („Deutsche Königsstädte"), an Büchern über Potsdam, die überhaupt den Anspruch erheben können, als ›Literatur‹ gewertet zu werden, fehlt es bislang fast völlig. Und ich kenne auch kaum irgend ein Werk der Belletristik (um von meinen bescheidenen Versuchen zu schweigen!), das Potsdam in die transcendentale Sphäre der Kunst erhoben hätte. Sogar die Malerei ist, mit der einen großen Ausnahme von Menzel und der reizenden Versuche von Paul Scheurich – und das ist merkwürdig und beschämlich zugleich –, wie die Literatur an Potsdam vorbeigegangen.

Ich habe, wenn ich Potsdam besuchte, stets das Gefühl gehabt, daß das Material nun genug bearbeitet und gesichtet wäre. Nun sollte endlich mal jemand kommen, der das Buch über Potsdam schreibt, ein Kunstmann mit der Feder eines Taine, oder ein Dichter, der es sieht, wie Maupassant Paris oder Werfel Venedig oder Altenberg Wien. Man muß, wenn man über Potsdam schreibt, ganz gleich als was und wer, endlich mal vom Exerzierreglement loskommen und sich der Schönheit dieses Ortes rein und frei hingeben.

„Gut, tun Sie es," ruft man mir zu. Es würde zu weit führen, wenn ich auseinandersetzte, daß das gar nicht der Zweck dieses Büchleins ist und warum ich auch heute keineswegs mehr befähigt bin, es zu tun. Das sind persönliche Dinge. Eine gesprungene Glocke klingt nicht. Ich möchte also weiter nichts, als hier ein wenig die Instrumente stimmen, die Wirbel der Violinen anziehen und das A geben; das Konzert mögen andere machen, oder jeder mag dann selbst sich sein Stückchen herunterspielen.

Was der Name Potsdam bedeutet, ist streitig. Welche meinen, „Unter den Eichen", andere leiten ihn von einer wendischen Gottheit oder einem Wendenfürsten her. Potsdam selbst ist ein Werder, eine Insel, und von allen Seiten von Wasser umgeben. „Die Havel", singt Bellamintes, der „das itzt blühende Potsdam" mit poetischer Feder entwarf, ehedem im Jahre 1727.

„Die Havel, die dem nahrungsreichen Lande
ihr Fischwerk mancherart in großer Menge schenkt
und dennoch jederzeit in einem solchen Stande,
daß sie die Nachbarschaft nicht minder wohl bedenkt …
wie manches Schwanenheer mit seinen zarten Jungen
in ihren starken Schilf- und Rohrgebüschen nährt usw. …
„Die Havel ist der Fluß, an welchem Potsdam liegt.
Hier aber, wo sie nun das edle Potsdam wässert,
zerteilet sie den Strom, der sich gelind' ergießt.
Wird aber dennoch nicht geschmälert – nein vergrößert!
Ob sie gleich ziemlich weit in zween Armen fließt.
Mit einem machet sie den sogenannten Werder,
in den sie Potsdam selbst, nebst sieben Dörfern faßt.
Den andern schicket sie in seinem Lauffe förder,
daß er noch mancher Stadt ein angenehmer Gast ... "

Das Potsdamer Land ist so uralter menschlicher Kulturboden und reichlich mit Blut gedüngt. Der Prähistoriker findet auf Schritt und Tritt Spuren vergangener Siedlungen. Als Potsdam als Stadt in die Geschichte eintritt, erfreut es sich keines besonderen Rufes. Seinem Namen begegnen wir zum erstenmal im Jahre 1314. 1409 ist uns auch der Name eines Bürgers überliefert, des ehrenwerten Herrn Brunne, der in Berlin gehenkt wurde, weil er in Schönhausen Pferde gestohlen hatte. Man sieht, daß die Potsdamer Beziehungen schon damals ziemlich ins Weite reichten. Der Berliner ist nebenbei vielleicht noch von damals her nicht allzu gut zu sprechen auf den Potsdamer. Denn er sagt:

„Spandauer Wind,
Potsdamer Kind,
Charlottenburger Pferd
sind alle drei nichts wert".

Oder er äußert, um die Gemütsart des Potsdamers zu kennzeichnen: „Es gibt gute Menschen und es gibt böse Menschen, und es gibt – Potsdamer".

Heine meint von ihnen, daß sie das Berlinische noch unverfälschter sprechen, als die Berliner. Aber meine Erfahrungen können ihm da nicht ganz Recht geben. Er sagt nebenbei an anderer Stelle, daß er dort mit keinem Menschen, sondern nur mit den Statuen im Park Umgang gepflogen hätte, was schon zeigt, daß er für das erste kein klassischer Zeuge sein kann. Das Potsdam aber, das Heine und Storm liebte, und dessen nur von dem klingenden Glockenspiel unterbrochene Ruhe die Rahel leise bespöttelte, unterscheidet sich eigentlich noch nicht allzuviel von dem heutigen Potsdam, denn im Ganzen ist es doch eine Stadt aus dem 18. und 19. Jahrhundert (mehr des ersten als des zweiten!), die wir heute noch ziemlich ungetrübt vor uns haben. Und auch – es mag seltsam klingen – die Landschaft gehört ziemlich der gleichen Zeit an. Denn jene Landschaft, die ein Bellamintes so schön besang – dieses schön ist durchaus nicht spöttisch gemeint – ist eigentlich von der Welt verschwunden. Auf hunderten von Morgen wurde in und um Potsdam ehedem Wein gebaut. Noch 1782 sind es fast 1.000 Morgen, die in und um Potsdam der Weinkultur dienen, und wohl alle Südhänge der Hügel bedecken. Friedrich redet nie von Sanssouci, sondern immer vom Weinberg. Die Waldungen waren ehedem zumeist Laubholz und vor allem bestanden sie aus mächtigen Eichen, die (bis auf die Pfaueninsel) längst geschwunden sind. Sie gaben Holz für den Stadtbau her, für die Palisaden, die Potsdam nach der Wasserseite umschlossen, oder wurden – wie die Eichen des Berliner Tiergartens – schon zu Zeiten des

Großen Kurfürsten für den Schiffsbau gefällt und schwammen bis nach Afrika[2]. … Der Parkteil, wo heute das japanische[3] Haus steht, war z.B. ehedem der Rehgarten. Die heute uns bezaubernden Parkanlagen waren ehedem niedere, nicht allzugroße Gärten im französischen Stil, die in den Wald eingesprengt waren, und in den Wäldern selbst hegte man das Wild für die Jagden der königlichen Nimrode. Erst Friedrich der Große brach mit dieser Tradition. Er fand, Jagen sei eine so alberne Beschäftigung wie Kaminkehren.

> „An dorten findet man das Wild bey Hauffen wohnen,
> Das rasche Wild, das sonst die Flucht so gern erkiest,
> Hier aber überall, seit dem man es zu schonen
> Befehl erhalten hat, gar zahm und sicher ist",

singt Bellamintes.

Auch die Maulbeerplantagen, die Friedrich der Große überall um Potsdam anlegen ließ, um die Seidenzucht zu heben (man konnte alles von ihm haben, wenn man sagte, man würde eine Maulbeerplantage anlegen, jede Unterstützung), sind bis auf letzte kümmerliche Reste verschwunden. Anderes aber, was heute für Potsdam charakteristisch ist, gab es noch nicht. Die vielen tausende von Linden in Gärten und Alleen sind erst durch Friedrich den Großen aus Holland eingeführt worden. Und selbst die Nachtigallen hat er aussetzen lassen, und sie sind Potsdam treu geblieben. Die Obstzucht in der Potsdamer Gegend ist sehr alt, Bellamintes sagt, sie brächte zwar nicht die goldnen Äpfel hervor, die der tapfere Herkules, der Ausbund großer Helden, den Drachen raubte, aber die Pracht der Aprikosen. Und die könne man nicht weniger für gülden halten. Sie bezaubern nicht allein das lüsterne Gesichte, sondern sie laben den Mund durch einen süßeren Kuß als die Pomeranzen Spaniens und die Citronenpflanzen Welschlands.

> „weil sie den Zucker schon auf ihren Lippen haben,
> mit dem man jene Frücht' erst überstreuen muß."

Wirklich, liest man den Hymnus des Bellamintes, so empfindet man, daß vielleicht Potsdam und seine Umgebung damals zwar ein sehr an-

2 Am 1. Januar 1682 wurde die Brandenburgisch-Afrikanische Compagnie mit Sitz in Pillau gegründet. Ihre Schiffe übernahmen insbesondere vom Fort „Groß Friedrichsburg" (heutiges Ghana) Sklaven und transportierten sie zum Verkauf zur westindischen Insel Saint Thomas (Jungferninseln), die damals zu Dänemark gehörte. Mit etwas über 19.000 verkauften Afrikanern, die die Überfahrt von Afrika nach Amerika überlebt hatten, war Brandenburg am Sklavenhandel in der Zeit von 1450 bis 1867 mit 0,15 bis 0,2 % beteiligt.

3 Gemeint ist hier und im Folgenden stets das „Chinesische Haus"

deres Gesicht hatten, aber daß sie doch schon etwas mit dem heutigen Potsdam gemein hatten: nämlich eine Enclave des Südens zu sein in einem nördlichen Land, und als solche weit reicher und blühender, als wir es eben erwarten können. Ich habe immer das Gefühl gehabt, daß, wenn man von Potsdam nach dem Müggelsee fährt, man sich um viele Breitengrade nordwärts bewegt hat. Selbst das Schilf rauscht um Potsdam anders und weicher, und die Wasserflächen der Havel haben ein seidigeres Blau, als das Frische und Stahlharte der kiefernumstandenen Müggel. Ich möchte sagen: die Potsdamer Wasser hat der Gott der impressionistischen Malerei geschaffen. Die im Norden Berlins aber schon jener, der den schwedischen Malern die Hand führt, wenn sie ihr Land uns schildern wollen. Hier Monet, dort Liljefors und der Prinz Eugen.

Die Wasser der Havel also mögen ja ewig die gleichen geblieben sein. Die Schilfgürtel, auch die Rohrwälder, aus denen des Abends die Dommeln schreien, vor denen die Reiher ihrem Fischfang obliegen, und in die die Enten und Wasserhühner hineinflüchten, wenn sie des Dampfers ansichtig werden, mögen sich auch nicht viel geändert haben. Auch die blaue, weite Fläche, der Metallspiegel nicht, wenn Fische plätschern oder Schwalben mit den scharfen Spitzen der Flügel darüber hinsausen. Nur die Kolonien der Biberbauten fehlen, nach denen zum Beispiel Babelsberg benannt ist. (Babelsberg gleich Biberberg). … Gewiß, die Havel als Fluß ist unverändert; aber die eigentliche Potsdamer Landschaft um sie mit ihrem englischen, parkähnlichen Charakter, der sich weit hinauszieht, fast bis nach Paretz, die ist das Kunstprodukt der letzten beiden Jahrhunderte.

Aber auch die Stadt ist heute keineswegs mehr das Sumpfnest, der menschliche Biberbau, der sie früher um 1725 war. Die alten Karpfenteiche, Seen und Moräste, die einst an Stelle des Paradeplatzes, des Kasernenplatzes und, irre ich nicht, an Stelle der Plantage usw. waren, sind zugeschüttet worden; und durch den Kanal hat man das Wasser reguliert. Der älteste Teil der Stadt, der sich in der Gegend der Burgstraße und der Heiliggeistkirche befand, hat längst an Bedeutung verloren. Um 1700 hat Potsdam noch nicht mehr als 187 Häuser und zwei- bis höchstens dreitausend Einwohner. Es hat das Stadtschloß und die Kirche und ein paar öffentliche Gebäude. Aber Friedrich der Große allein läßt 1.200 Häuser bauen, gibt in einem Jahr anderthalb Millionen Taler Bauzuschüsse.

Man vergißt zu leicht gegenüber den Schlössern, den Parks (und all den Bauten, die sich in ihnen befinden, von anssouci, dem elvedere bis zum apanischen Haus!), daß eigentlich auch die ganze Stadt Friedrichs Schöpfung ist. Noch heute kommen die wenigen Empirehäuser für Potsdam kaum in Betracht. Sie liegen auch meist ziemlich weit draußen. Und die Zeit Friedrich Wilhelms IV. – mit der Orangerie, dem Pfingstberg und dem Ruinenberg – hat auch die eigentliche Bauschöpfung Friedrichs nicht angetastet, liegt ebenfalls außen an ihrer *Lisière*. Seine Friedenskirche ist gleichfalls inmitten der friderizianischen Schöpfungen nur eine einsame melancholische Insel, ganz für sich. Der deutsche Dom aber auf dem Schloßplatz, den Schinkel an die Stelle der Nicolaikirche – einer Kirche mit vorgebauter italienischer Scheinfassade und einem barocken Turm von gewaltiger Höhe – setzte, und den so viele dort als eine architektonische Unmöglichkeit empfinden, möchte ich nicht missen. Denn vom Hofe des Stadtschlosses aus, wenn man über die Mittelkuppe des Fortunaportals hinwegschaut, ... und nun darüber (flankiert von den Ecktürmchen), die gewaltige Kuppel dieser falschen Peterskirche aufsteigen sieht, während von links, auf der anderen Kuppel des alten Rathauses, der goldene Atlas mit seiner Weltkugel herüberschaut, die Nadel des Knobelsdorff'schen Obelisken spitz in die Höhe weist – alles nur abgesetzt gegen die Windklarheit eines blauen märkischen Himmels – denn ... von dort, vom Vorhofe des Stadtschlosses aus, hat man vielleicht das schönste Traumbild der Architektur in dem Spiel und der Harmonie dieser drei Kuppeln zueinander, in den Schwingungen und Lösungen der Linien, das mir im Norden überhaupt bekannt ist. Und gerade dadurch, daß es von dort aus nur ein Traum in steinernen Formen ist, ohne einen Zweig, ohne einen Grashalm (und zugleich alles in sich nutzlos), gerade dadurch bekommt es dieses Wundervolle und Losgelöste von der Welt; wird zu etwas, das kein Vorbild in der Wirklichkeit, vielleicht auch keinen Sinn hat, und das nur dem Bedürfnis nach absoluter Schönheit entsprungen ist. Nein, auf den Dom lasse ich trotzdem nichts kommen. Und ich liebe ihn auch, wenn man ihn drüben vom Brauhausberg sieht, oder draußen von der Havel, vom Tornow, sieht, und wenn seine breite und doch steigende Kuppel dann, so wie eine Erinnerung an Florenz, inmitten all der Lichtfülle in den Himmel steigt. Das ist echter Schinkel! ... Und gerade dadurch rührend, weil es mehr Sehnsucht als Erfüllung ist.

Sonst aber ist Potsdam doch eigentlich noch ganz friderizianisch geblieben.

Aber – frage ich mich – hat das Wort friderizianisch überhaupt eine Berechtigung? Kann man nicht einfacher von einer Rokokostadt sprechen, „Stil des achtzehnten Jahrhundert"? Wie weit ist denn Friedrich selbst daran beteiligt? Wie weit ist hier ein persönlicher Geschmack bestimmend gewesen. Endlich hat er doch weder selbst gebaut, noch grade gezeichnet, noch eigentlich entworfen bis auf ein paar flüchtige Situationsskizzen für Sanssouci. Er hat aus alten Architekturwerken Fassaden herausgesucht und sie oft ohne Rücksicht auf das, was dahinter sich abspielen sollte, in kleineren Maßen nachbauen lassen. So kam es, daß sich manchmal die Häuser dreier simpler Bürger in eine Palastfassade teilen mußten, von denen später nun jeder sein Haus (echt deutsch!) anders anstrich. Bis zum heutigen Tage ist das geblieben. An einem Haus geht es gar so weit, daß eine Putte auf dem Dachfirst zur einen Hälfte ein Malaie und zur andern Hälfte ein Europäer ist, gescheckt wie ein Foxterrier, ganz reiner Mendelismus.

Ja aber, wenn nun Potsdam eine Stadt aus den italienischen Architekturwerken wäre, müßte es doch ein italienisches Gepräge haben. Und, wenn sein Rokoko der Schlösser französisch wäre, dann müßte es doch an irgendwelche französischen Schlösser erinnern, oder wenigstens an süddeutsche, wie Würzburg oder Ansbach? Und wie kommt es, daß doch alles von Friedrich Geschaffene trotzdem ein so ganz eigenes Gepräge hat, auch wenn er in der Wahl seiner Künstler (selbst der Arbeiter!) solche aus andern Ländern eigentlich bevorzugte? Auch als Sammler von Bildern war er ja ganz auf Franzosen eingestellt; und zwar auf solche, die eigentlich vor seiner Zeit waren, so ungefähr, als ob heutzutage jemand nur französische Impressionisten sammelt und schon bei Cézanne streikt. Gewiß: wenn man den Geschmack Friedrichs des Großen analysiert, so mag nicht allzuviel Eigenes bleiben. Einfach aus dem Grunde, weil das, was zu analysieren ist, eben nicht das Eigene ist, sondern das, was er von der Zeit übernahm. Aber die Art, wie die Dinge verwandt sind, wie die Räume, in denen er lebte, abgestimmt sind, wie die wenigen Gegenstände, die er bei sich führte (eigentlich nur Tabaksdose und Krückstock) noch letztes Raffinement des persönlichen Geschmacks verraten müssen – auf Kleidung legte er, wie alle Sammler gar keinen Wert (die Burschen sehen immer aus, als ob man ihnen fünf Pfennig schenken möchte) – die Art, wie er die Stadt im Gesamtbild abstimmte, als hätte er sie innerlich stets als Ganzes vor Augen gehabt, all das spricht schon für einen Menschen von ganz ungewöhnlicher Sicherheit und persönlichster Färbung in jeglichen Fragen des künstlerischen Takts. Selbst die Hunde, die er liebte, Biche und Alkmene – und wie er die italienischen Windspiele noch alle nannte! – verdanken seine Zuneigung zum mindesten ebenso seiner Menschenverachtung (und weil sie mit ihren treuen Hundeseelen als Einzige an ihm hingen), wie den raffinierten ornamentalen Kunstformen, die sie ihm im Spiel ihrer Glieder boten. Wenn Friedrich einem seiner Hauptmodelleure der „*manufacture du roi*“ die Aufgabe gestellt hätte, einen Hund für ihn zu ersinnen, so hätte er sicher den italienischen Windspiel für ihn erfunden, auch wenn es ihn bislang nicht gegeben hätte. Nur in Porzellan (als Masse) vermögen die so spielerischen Beine einen Körper zu tragen; und nur Porzellan gibt so alle Höhen und Senkungen des Brustkorbs, die Spitze der Schnauze und die frostzitternde Grazilität der Glieder. „Die Kerle hassen mich," sagt Friedrich der Große irgendwo, „weil ich Prunk, Marmor, Gold und Silber, edle Steine, Affen, Papageien und Hunde liebe."

Aber diese Selbstkritik ist nur halb richtig. Denn das ist das unerhört sichere an seinem Geschmack, daß Friedrich der Große das edelste Material, die erlesensten Formen, aber durchaus keinen Prunk liebt, sondern daß er all diese Dinge verwandte, zu Kulissen seines Einsiedlerlebens machte, mit einer unerhörten Einfachheit, mit einer Sicherheit des abwägenden Geschmacks, der bei höchstem Raffinement kein Zuviel kannte. Es gibt nichts bei ihm, was kalte Pracht wäre; und alles, von dem man verspürt, daß sein Auge darüber gewacht hat, ist so geartet, daß man darin atmen und bestehen könnte, und daß man den Wunsch hat, man möchte, reich und unabhängig, sein Leben zu einem ähnlichen Traum von Schönheit gestalten können. Friedrich hat bestimmte oft wiederkehrende Lieblingsfarben. Ein seidiges Blau und Silber, mattviolett, kaffeebraun mit Bronzetönen. Oder er verbindet die Stumpfheit edler Hölzer mit Gold. Er liebt das Spiel aufgelöster Formen, aber er läßt es nie zum Selbstzweck werden, wird nie ein Orchester (wie die Musik seiner Zeit es auch nicht tat) überbesetzen, so daß der Reichtum der Instrumente die Melodie tötet. So aber werden alle seine Schöpfungen – Stadt, Schlösser, Gärten (auch Gärten!) Dokumente sichersten Geschmacks. Hunderte und Tausende sind für ihn an der Arbeit, 46 Jahre lang. Immer wieder zieht er neue Architekten heran, neben und nach Knobelsdorff. Und doch hat man das Gefühl bei allem, daß er eben (wie ein genialer Kapellmeister) stets das Orchester zusammenhielt, ein feingebildeter und durch und durch künstlerischer Dilettant, der nur am geschmacklich Hochstehenden sein Genüge fand.

Die Kunst, die Architektur und die französische Dichtung und die Philosophie seiner Zeit waren vielleicht das einzige, woran er glaubte, hart, unglücklich und in geistiger Verbissenheit. Er war einer von jenem seltenen Typ von Kunstfreunden, für die es nie ein Genug, aber auch nie ein Zuviel gab. Er war kein Mäzenat und kein Mediceer, kein Sonnenkönig, der sich an seinem Namen und an seiner Macht berauschte; sondern er war ein Lord Wallace, aber in größerem Ausmaße und mit der fast unbegrenzten Macht, seinen Träumen Farbe zu geben. Weder seine Vorgänger, noch seine Nachfolger ließen auf die plötzliche Erscheinung eines Menschen von solcher Sicherheit des Geschmacks schließen. In Deutschland kann man nur Karl Theodor von der Pfalz, August den Starken von Sachsen und die Schönborns in Würzburg in seine Nähe rücken.

Man kann sich nur schwer heute einen Begriff machen, welchen Umfang diese kulturschöpferische Arbeit Friedrichs an Potsdam hatte und bis in welche äußersten Gebiete sie ausstrahlte. Endlich gehören die 21.000 Maulbeerbäume, die er für Seidenzucht anpflanzen ließ, genau so dazu, wie italienische Marmor- und Mosaik-Arbeiter, die er kommen ließ. Die Geldmittel, die er aufbrachte für diese Zwecke, sind gewaltig. Potsdams „Merkwürdigkeiten", die 1798 in Potsdam erschienen, geben als Gesamtsumme, die Friedrich der Große in der Stadt Potsdam allein verbaute, über 30 Millionen Taler an. Andere 42 Millionen; bemerken aber sogleich, daß auch diese Summe bei weitem nicht reichen wird. „Die wichtigsten Bauten," heißt es da, „leitete der König selbst, und da er ein großer Kenner und Verehrer der Wissenschaften und der Künste, besonders der plastischen, war, so konnte es nicht fehlen, daß viele dieser Werke den Charakter seiner hohen ästhetischen Bildung bekamen. Seine Ideen ließ er durch Bauverständige und geschickte Zeichner aufzeichnen und profilieren oder auch Schablonen dazu machen usw." „Auf der anderen Seite," heißt es, „war der König in der Ausführung seiner Ideen so streng, daß er keine Änderungen durch einen anderen zuließ, selbst wenn sie ihm hinterher zweckdienlicher geschienen hätten." Nicolais Beschreibung der königlichen Residenzstädte Berlin und Potsdam führt im dritten Teil all die Namen der Baumeister, Maler, Bildhauer, Wachsbossierer, Kupferstecher, Stuckateure, Holz- und Stahlschneider auf, die der König (ebenso wie auch Glasschleifer, Uhrmacher, Schlosser) aus aller Herren Länder nach Potsdam gezogen hatte. Und wir dürfen neben ihnen auch die Gartenkünstler nicht vergessen, die nicht nur edle Trauben, Melonen, Ananas und edle Obstsorten in den Treibhäusern zu züchten hatten, sondern auch für die gärtnerische Anlagen exotische Sträucher und ausländische Bäume zusammenkaufen mußten. Und außerdem wurden noch die Buchdruckerei, der Instrumentenbau, die Seiden- und Bandmanufaktur, der Tapetendruck, die Töpferei (Potsdamer Fayencen!) im großen Stil gefördert.

Friedrichs Idee war es nämlich (und das kann heute nicht stark genug betont werden!), daß alles ineinander greifen sollte, daß von dieser Stadt aus eine kulturelle und künstlerische Befruchtung für Preußen ausgehen möchte. Es scheint aber, als ob Friedrich hierin alsbald schwere Enttäuschungen erlebte; denn eigentlich ließ er Potsdam und seine Schöpfungen noch bei Lebzeiten wieder verfallen. Die Parks wurden später vernachlässigt. Die Plastiken – vergoldete Bleifiguren, und solche aus Sandstein – verkamen und vermorschten. Und als Friedrich endlich – viel zu spät für das Land –, enttäuscht und verbittert, starb, atmete man auf. Denn er hatte seinem Lande Dinge (in jeder Hinsicht) aufzwingen wollen, die es wirklich nicht hergab. Und sein Nachfolger achtete sein Werk und seinen Kulturwillen ebenso wenig, wie er seinen letzten Willen achtete, der dahin ging, daß man ihn nicht militärisch in der Garnisonkirche beisetzen möge, sondern als Privatmann oben in Sanssouci, in der Gruft, die er sich hatte bauen lassen. Das heißt: nicht seinen Kriegen und eroberten Fahnen nahe wollte er bleiben, sondern seinem Traum von Kunst und schöner menschlicher Gesittung. Denn – das möchte ich betonen! –: ein waffenstrotzendes Symbol Potsdam zu schaffen, wie es heute sprichwörtlich in der ganzen Welt geworden ist, als Begriff feststehend geworden ist, lag nicht in der Absicht dieses Königs. Die Militärstadt ist nicht sein Ideal gewesen, so wenig wie der reine Militärstaat – denn beides war ihm nicht Endzweck –; sondern: das Kulturzentrum.

Der Volksmund hat die drei Genien, die auf dem Neuen Palais die Krone hochhalten, so gedeutet, daß es Maria Theresia, Katharina und die Pompadour wären – in Wirklichkeit sollten sie die Künste und Wissenschaften versinnbildlichen – als zukünftige Trägerinnen der Krone Preußens. Potsdam, die Militärstadt, ist früheren oder späteren Datums. Man muß nur lesen, wie Friedrich Offiziere und Generäle mied – „haben zuviel Ehrgeiz“, – wenn er nicht notwendig mit ihnen zusammen sein mußte. Das eigentliche Potsdamer Vermächtnis Friedrichs des Großen haben also bis heute weder Preußen noch Friedrichs Nachfolger erfüllt. Und daß hier ein Kulturgedanke einst lebendig war und in die Zukunft wirken wollte, vergaß man ehedem vor 1914, sowie man das militarisierte Potsdam betrat. Und noch heute ist unser Blick zu getrübt dazu, um ihn, diesen Kulturgedanken, in dem entmilitarisierten Potsdam wiederzufinden.

Im besten Fall hat man das Gefühl, wenn man durch Potsdams Straßen und Schlösser jetzt wandert, in denen die Luft des achtzehnten Jahrhunderts erstarrte, als ob der Schritt durch Museumssäle hallt, in denen hübsche Dinge von einst, mit dem Hauch historischer Erinnerungen behaftet, zur Schau gestellt sind. Nur manchmal, an herbstlichen Spätnachmittagen eigentlich, gibt Potsdam etwas von seiner ureigenen Seele her, und wir ahnen, wenn die Formen in der Dämmerung einheitlich sich zusammenschließen, etwas von Wunsch und Willen dessen, der sie einst schuf.

Aber, wirft man ein: warum im Herbst! Potsdam ist doch am schönsten, wenn der Flieder blüht oder die Rotdornstämme vor dem Militärwaisenhaus; wenn aus stillen Nebenstraßen die Linden wie Honig herüberduften, und man an Sommerabenden durch die kahle, (heute!) baumkahle Charlottenstraße von Sanssouci aus heimgeht.

Gewiß, all das ist, wie man zu sagen pflegt, auch kein Hund. Aber dem Herbst gebe ich doch für Potsdam den Vorzug. Heute ist Potsdam eine Herbstschönheit und eine Abendschönheit geworden. Erst am Spätnachmittag blüht es eigentlich farbig auf bis in die blaue Dämmerung hinein. Am Tage ist es oft nur eine altmodische, mattkolorierte Lithographie oder ein ganz sauber angemalter Kupfer eines alten Guckkastenbildes, scharf durchgezeichnet bis auf jedes Steinchen in dem holprigen Pflaster. Firmenschilder stören und zerreißen jede Stimmung, und dumme neumodische architektonische Barbareien aus der Jahrhundertwende (bei denen man sich immer wieder fragt: wie war das möglich?!) lassen uns erschauern. Wie mußte das Auge und der Sinn der Leute beschaffen sein, die es wagten, einen solchen wilden und ungezügelten Ungeschmack neben Bauten von ruhiger und schöner Sicherheit zu setzen? Und wie mußten in Preußen die Bau- und Handwerksschulen beschaffen sein, daß sie solche Unglücksstifter in die Welt hinaus ließen?

Die Stadt und ihr Schloss

Anreise über Nowawes

Der alte Fontane sagt einmal in einer Kritik über ein Theaterstück: Es wäre „wie eine Fahrt nach Potsdam, am Anfang ist nichts recht los, gegen Schluß ist nichts recht los. Aber – – in der Mitte liegt Wannsee."

Etwas besseres kann über die Reise nach Potsdam, ob man nun über die Stadtbahn, Potsdamer Bahn oder Wannseebahn kommt, nicht gesagt werden. Es ist wirklich nicht allzu viel los auf der Fahrt. Nur wenn der Zug am Wannsee vorüberstreicht und so einen sekundenkurzen Blick uns läßt über weite angeblaute Fernen und gekräuselte Wasserflächen, auf denen weiße Segel wie Mövenflügel tanzen, dann schlägt einem schon so ein Duft, eine Ahnung von der Luft Potsdams entgegen. Man fühlt das Weite, Freie, den neuen Blick, und eine für Berlin ungeahnte Üppigkeit der Vegetation und des landschaftlichen Kolorits. Aber kurz hinter dem Grabe von Kleist verdämmert das schon wieder in uns. Birken, Kiefern, Trockenheit, ein Stückchen Moor und sandige Wege, und bald tanzen so die ersten Weberkaten von Nowawes – ein absonderlicher Name! – vorbei. Wird da eigentlich noch in den Häusern gewebt, richtig mit Handstühlen? Ich erinnere mich, in meiner Jugend konnte man fast in jedem Häuschen, wenn man durch's Fenster hereinblickte, solch einen Stuhl stehen sehen, und manchmal, wenn man Glück hatte, sogar einen alten Mann, der sich breitbeinig vor dem Gestell hin und her wiegte und rhythmisch das Schiffchen hin und her warf. Und noch eins: von Jahr zu Jahr fraß sich eigentlich das Moderne, die „Architektur" hier durch. Erst war noch alles gleichmäßig, sehr schmucklos, aber doch liebenswürdig: überdachte Häuschen mit wunderhübschen Rokoko- oder Empiretüren und amüsant geteilten, hundertfach wechselnden Einteilungen der Oberlichter über den Türen. Denn an Nowawes haben ja zum Schluß die gleichen Architekten wie an Potsdam gebaut, und von Manger, der das schöne Haus Am Kanal 41 baute, der die Köstlichkeit der „Breiten Brücke" schuf, stammten allein über sechzig dieser Kolonistenhäuser, in denen die fremden Weber untergebracht wurden. Man hatte nicht sehr viel Glück mit ihnen. Die Piemontesen, die Seidenzucht und Weberei lehren sollten, bekamen Heimweh – was ihnen nicht zu verargen war – und gingen einer nach dem andern bei Nacht und Nebel davon. Und die andern, die aus Nowawes, waren berüchtigt, weil sie wie die Raben stahlen. Was sie nebenbei mit den Caputhern gemeinsam haben sollen. Der Volkswitz erzählt, daß der alte Fritz gesagt hätte: und wenn mir meine Feinde auch mein ganzes Land nehmen, meine Caputher und Nowaweser stehlen es mir in einem Jahr wieder zusammen.

Nebenbei könnte man sich doch mal die Kirche in Nowawes ansehen; denn sie ist von Boumann, dem Holländer, dem das Potsdamer Stadtbild doch sehr zu Dank verpflichtet ist, auch wenn er einem graziösen und genialen Baukünstler wie Knobelsdorff, nüchtern und prunkhaft zugleich erschien. Das Rathaus – anlehnend an das Amsterdamer, auch an Palladio – die französische Kirche, die Seitenflügel des Stadtschlosses usf., das sind Eindrücke, die man nicht missen möchte. Also von Boumann ist die Kirche in Nowawes. Ich aber habe nur die dumpfe Vorstellung, als ob man im Vorüberfahren etwas durch Bäume aufsteigen sieht. Ich war immer schon so erfüllt von dem Gedanken, nun bald wieder in Potsdam zu sein, daß ich eigentlich nie darauf achtete. Und wenn ich mal schon in Potsdam war, konnte ich mich auch nie trennen, um da hinüberzugehen. Man kann eben nicht Alles in diesem Leben sehen.

Entrée an der Havel

Aber langsam löst sich Nowawes in allerhand Gärten, Häuschen, Zimmerplätze, Bootswerfte, Eisenbahngelände und Wiesen, und es wird seltsam licht und weit um einen. Wiesen – manchmal große überschwemmte Gebiete auf der einen Seite, denn die Havel hat hier Nebenflüsse; Nuthe und Bäke, glaube ich, heißen sie (Geographie schwach!). Man ahnt die großen Wasserflächen des Flusses, seine Seenweiten nach Tornow und Caputh und nach Babelsberg zu mehr, als daß man sie schon sähe. Richtig, das da weit drüben ist ja: das Schinkel-Schloß von Babelsberg im englischen Burgenstil, und das schrägüber: der Turm der alten Heiliggeistkirche, wie vorgeschoben auf einer Landspitze ins Wasser hinein. Aber was haben sie da wieder auf den Brauhausberg hingebaut! Früher war das so ein hübscher wolliger Waldhügel, und hinter ihm leuchtete manchmal ganz silbrig die Kuppel der Sternwarte. Aber heute haben sie da solch einen ragenden türmegespickten Fachwerkbau und noch ein paar andere Schönheiten heraufgesetzt. Soll wohl so eine Art deutscher Renaissance sein. Paßt in die Landschaft und die Umgebung, wie die Faust aufs Auge. Ich weiß nicht, wozu es dient. Ich glaube Kasino oder Militärschule. Frage auch nicht. Habe das Prinzip, Dinge, die mich ärgern, mit stummer Verachtung zu strafen. Gottseidank, daß es wenigstens außerhalb des Stadtbildes ist, wenn auch eben dieses von einer Seite wenigstens beherrschend. Man hätte es doch genau ebensogut auf den Wilhelmsplatz, mitten rein, oder an den Kanal neben „die Regierung" setzen können. Es ist eigentlich noch ein glücklicher Zufall, daß uns das erspart blieb. Aber den Bahnhof hat man Gottlob noch nicht umgebaut. Er ist zwar nicht von Friedrich dem Großen, aber er ist eine entzückende altmodische, anheimelnde Scheußlichkeit. Gewiß mörderlich unpraktisch und technisch ganz unzulänglich; aber man hat sogleich die Illusion 1840: erste Bahn zwischen Berlin und Potsdam. Noch nicht einmal Stroussbergzeit! Und wenn man heraustritt, so bleibt das. Es stehen zwar Straßenbahnen da und warten, und Autos kommen angefahren, und doch weht einem, man weiß nicht wie, solche beruhigende altmodische Luft in die Nase. Schon das Aus-demBahnhof-treten ist in Potsdam immer für mich ein Erlebnis.

An der Seite, unter Linden, träumen Droschken. Man sieht provinzielle oder ländliche Gesichter (jedenfalls andere, wie in Berlin). Ein Krümperwagen kommt vorgefahren, der frischen, jungen Leuten in Uniformen den beschwerlichen Weg zum Bahnhof erspart hat; und – vor allem! – eine ganz unerwartete Weite umfängt uns. Erstaunlich viel Himmel und viel Licht liegt über dem Ganzen. Man sieht eine Menge Grün auf einmal. Parks, Gärten, Wälder. Sanfte ferne Hügelwellen machen uns glauben, daß die Stadt, selbst mit ihren Türmen und Kuppeln in einer Art von weiter Mulde läge. Aber das scheint nur so. Da drüben die Kuppel mit den Ecktürmchen, die Schinkels Idee später korrumpierten, das ist der „deutsche Dom[4]". Die goldene Puppe daneben auf ihrem gestuften Untersatz, ist der Atlas auf dem Rathaus. Der mächtige weiß-gelbe Bau mit der Versammlung von Puppen auf dem Dachrand ist das „Stadtschloß". Rechter Hand weit drüben – wir müssen uns etwas gedreht haben gegen vorhin – herausragend aus den niedrigen alten Dächern an der Havel, das ist der gutgegliederte wuchtige Turm der Heiliggeistkirche. Und da weiter links drüben mit dem goldenen Ordensstern über sich in der Luft, und dem Adler, der auf der gekreuzten Eisenstange sitzt, wie der Papagei auf der Sprosse, dieser in vier Etagen hochgehende, von hier scheinbar sich drehende Barockturm … das ist die „Garnisonkirche".

Man kann sagen, daß dieser Barockturm eigentlich die Kirche selbst ist, denn er sitzt an dem kleinen Bau, wie ein Giraffenhals an dem viel zu kleinen Körper. Da ganz in der Ferne aber, das sind die Bauten auf dem „Ruinenberg" und dem „Pfingstberg". Ob man Sans-

4 Vergleich des Autors Abgrenzung der potsdamer Kirchenbauten vom wilhelminischen Berliner Dom auf Seite 40.

souci von hier sieht? Ich glaube nicht. Die kleine flache Kuppel ist die französische Kirche. Der einem Campanile ähnliche Ziegelturm? Das muß die Kirche an der Nauenerstraße, am Bassinplatz sein. Denkmal des Pietismus und einer hier etwas unglückseligen und langweiligen Italienliebe Friedrich Wilhelm IV. Wir wollen lieber nicht die Straßenbahn nehmen. Es sind ja nur ein paar Schritte bis zur Stadt selbst. Hier herauf und über die „Lange Brücke". Außerdem blüht da Flieder und Rotdorn und man atmet die Luft von der Havel her, sieht Dampfer voll Menschen ankommen und abfahren. Das ist immer erfrischend. Auf den plastischen Schmuck der Brücke[5] brauchen wir gar nicht zu achten. Er ist (wie das Kaiserdenkmal) Siegesalleestil[6]. Die Brücke ist eben vor einiger Zeit umgebaut und verschönt worden. Dagegen ist nichts zu machen. Doch das stört eigentlich gar nicht. Denn sie ist der Zugang zu einem der schönsten Festsäle der Architektur, der – bildlich gesprochen – ohne jedes Vestibül grad an der Straße liegt. Sonst in andern Städten muß man immer erst durch Gassen und Gäßchen nach dem Mittelpunkt hin streben, bis sich der Marktplatz, der Rathausplatz mit seiner ganzen Szenerie von Prunkbauten und Fassaden – meist ganz unerwartet und so, daß man keinen rechten Standpunkt dafür hat – öffnet. Es ist eben die Stadt, die zur Verteidigung innerhalb eines Mauergürtels geschaffen und ersonnen war, und die ihre Hauptgebäude möglichst weit von den ersten Angriffsstellen, und zusammengedrängt um seinen Kern haben mußte. Aber Potsdam war nie eine eigentliche wehrhafte Stadt, keine Stadtfeste des Mittelalters. Es hatte zwar Palisaden, einen Kranz eingerammter Pfähle nach der Havelseite, aber es hatte mehr einen natürlichen Schutz im Wasser, in seiner Insellage. Und es wurde dann aus einem kleinen Landstädtchen zur Repräsentationsstadt, zur Königsstadt umgeschaffen. War also von Anfang an in der Gesinnung als eine reine Barockstadt, eine höfische Stadt gedacht, machte keinen Hehl daraus, eine künstliche Schöpfung zu sein. Und als solche wollte sie auch den Besucher empfangen, ihn gleich in seinen Festsaal führen, ohne ihn lange erst durch Korridore laufen zu lassen und antichambrieren zu lassen.

Potsdam, das dürfen wir nicht vergessen, ist ja nur zu einem Achtel eine entstandene, und zu sieben Achtel eine durch Fürsten gebaute, planmäßig und ohne Willkür gebaute Stadt.

Wir wissen heute über seine Baugeschichte gut Bescheid, kennen eine ganze Reihe seiner Architekten, die fast alle zugleich an dem Stadtbau und an den Schlössern tätig waren. Bevor wir zuerst einmal

5 Nachdem an der Langen Brücke 1901 ein Reiterstandbild Kaiser Wilhelms I. von Ernst Herter errichtet worden war, wurde sie in Kaiser-Wilhelm-Brücke umbenannt. Diese Umbenennung wurde 1935 wieder rückgängig gemacht.

6 Siehe auch Fußnote 51 zur Berliner Siegesallee.

solch bißchen durch die Straßen bummeln werden, um eine erste Überschau zu gewinnen, ist es nicht ganz unangebracht, daß wir wenigstens uns mit einigen Namen vertraut machen derer, die bei diesem Stadtbild die Hand mit im Spiele hatten. Denn zum Schluß sind das ja nicht nur Namen, die man morgen wieder vergessen mag, sondern es sind doch auch irgendwelche Vorstellungen, die sich uns damit verbinden werden. Es werden uns langsam, trotz der scheinbaren Uniformität des Zeitstils, in die Straßen und Bauwerke gekleidet sind, aus diesen Namen (zusammen mit den Schöpfungen – den sichern wie den zugeschriebenen –!) doch sich die Konturen der künstlerischen Persönlichkeiten mehr und mehr verdeutlichen. Und dieses erhöhten Genusses wegen sollte man also diese kleine Belastung des Gedächtnisses nicht scheuen.

Die Architekten Potsdams

Da ist, den Namen kennt das Volk als einzigen der Zeit zuerst: Knobelsdorff. Freiherr Hans Georg Wenzeslaus Knobelsdorff. Er war eigentlich Militär – wie sein großer süddeutscher Kollege Balthasar Neumann –, also genialer Dilettant und Autodidakt. Die Architektur war ihm noch, wie den Renaissancemeistern, die Universalkunst, der alle anderen Künste und Handwerke als Nebenflüsse zuströmten. Er war 1697 in der Neumark geboren (also 13 Jahre älter als der König) und hatte sich an Friedrich während seiner Festungszeit in Küstrin angeschlossen. Er nahm als Offizier seinen Abschied 1730, ging zu Studien ins Ausland, wurde als Maler Schüler Antoine Pesnes, kehrte zurück, wurde des Kronprinzen Bauintendant in Rheinsberg und nach 1740 dann der Oberaufseher sämtlicher königlicher Bauten. Er überwarf sich mit Friedrich dem Großen schon bei der Grundsteinlegung für Sanssouci, das er auf den vorderen Rand des Hügels setzen wollte, damit es keine Überschneidung gäbe, und es von unten her dem Aufsteigenden in voller Front entgegen käme; während der König in ihm als seinem Privatbau, sein Junggesellenheim, gerade eine gewisse Reserviertheit und Zurückgezogenheit wahren wollte. Er nahm Urlaub, gewann aber später doch wieder einen entscheidenden Einfluß auf die Ausgestaltung und den Innenausbau und die Einrichtung des Schlosses. Ebenso wie er das bei der Umgestaltung der Räume des Stadtschlosses getan hatte. Ein zweites Mal überwarf er sich dann mit dem König, als der von ihm ein Werturteil über das Berliner Tor von Boumann verlangte – und diesesmal endgültig. (Nebenbei, das Berliner Tor ist wirklich ziemlich nüchtern und recht unglücklich in den Proportionen.) Er starb 1753 – also 33 Jahre vor Friedrich. Das ist für die Baugeschichte Potsdams nicht ohne Bedeutung geblieben.

Wenn man die ganze Genialität von Knobelsdorff erkennen will, so muß man nicht nur auf das achten, was er in den Schlössern geschaffen hat, sondern auch auf seine eigentlich zwecklosen Zierarchitekturen, wie solch eine Muschelgrotte, eine große Fontänenanlage mit dem Neptunbrunnen, Obelisken, Kolonnaden freistehender Säulen, die von Figuren und Vasen bekrönt sind, und von ganzen Gruppen, die wie spielend und zufällig sich unten am Boden zusammengefunden haben, unterbrochen sind. Welch eine künstlerische Grazie und Leichtigkeit, welche Phantasie und welch vornehmes, glückhaftes Mozartlächeln! Und dann aber muß man dagegen seine Profanbauten sehen, seine Häuser wie die, die den Eingang zur Breiten Straße bilden, seine einfachen, glatten, unendlich ruhig und wohltuend gegliederten Fassaden mit den wenigen Fenstern in großer Fläche und den ganz leichten Schwingungen, von denen ein Messel begeistert gewesen wäre. Vorgeahntes Empire von einer zeitlosen, zweckhaften Schönheit! Und gerade daran, wie Knobelsdorff immer sich der Aufgabe ganz unterordnet, hier ganz Phantasie und da ganz Sinn ist, und dabei doch nie die Note persönlicher Künstlerschaft verliert, daran sieht man seine eigentliche Bedeutung. Er stirbt kurz nach der Jahrhundertwende, ist also noch bis auf seine Bürgerbauten, die seltsam vorahnend sind, reifstes Rokoko – vor allem in seinen Innenräumen.

Die anderen, die später geboren sind als er, leiten den Stil langsam weiter, lassen ihn von Jahrzehnt zu Jahrzehnt sich modeln bis in die Zopfzeit, bis in Louisseize hinein und mit Vorklängen des Empire. Vor dem Freundschaftstempelchen und dem Antikentempel im Park von Sanssouci glaubt man kaum, daß sie schon um 1770 entstanden sind. Neben Knobelsdorff steht Boumann der Ältere, ein Holländer, 1706 in Amsterdam geboren. Eigentlich Schloßkastellan – auch solch Mann, der sich die Architektur angewöhnte. Er ist klassischer, großzügiger, etwas prunkvoller und nüchterner als Knobelsdorff. Es fehlt ihm der Funke. Er glaubt mehr an die Werke der Architektur, als an seinen Genius. Aber das Rathaus ist von ihm, zwei Flügel des Stadtschlosses und das Berliner Tor, die Gloriette auf dem Bassinplatz (sie stand einst auf einer kleinen Insel), und er ist stark an dem Bau von Sanssouci und der Wasseranlage dafür beteiligt.

Büring dagegen ist Berliner, Sohn eines Hofzimmermeisters. Er ist erst als junger Mensch an dem Bau von Sanssouci tätig, tritt dann zehn Jahre später wieder in Friedrichs Dienste, hat am Neuen Palais starken Anteil und ist der Schöpfer des vielbewunderten Direktionshauses der Gewehrfabriken an der Breiten Brücke. Ein Mann von ruhiger, schöner

Sicherheit des Geschmacks. Vor allem aber ist die herrliche Raumwirkung der Bildergalerie – eine Anlage, mutvoll und beherrscht zugleich sein Werk. Erinnern Sie sich der Bildergalerie? Sie hat mir im ganzen immer mehr gesagt, als Sanssouci selbst; ruhiger, geschlossener und überraschender mit seinem steinernen, bewegten Puttenkranz um das Gesims der Kuppel; und mit der Heranführung durch ganz niedere und bequeme Terrassen und Treppen, durch kaum merkliche Stufungen des Terrains … an Balustraden mit Porzellanpuppen[7] in Sandstein besetzt vorbei und an den Wangen der Terrassen, die mit Muscheln und bunten Steinen kindlich und entzückend spielerisch, gemustert sind. Und dann schuf er die Zauberei des japanischen Hauses! Nun, darüber wollen wir gar nicht reden!

Karl von Gontard ist Mannheimer, wurde 1738 geboren, kam 1765 nach Potsdam. Er gehört also einer ganz anderen Empfindungswelt an als Knobelsdorff, der 40 Jahre älter war. Er kommt aus dem Mannheim des Karl Theodor mit seiner Großzügigkeit des Schloßbaues und der Wucht seiner Kirchen und seiner Schloßanlagen. Nirgends ist in der Zeit Bauplastik und Ornament wuchtiger und mehr ins Übergroße hinaufgetrieben. Und dann hat er die Schulung von Bayreuth, Ansbach, kommt vom Markgrafen-Rokoko. Der Herkunft nach wird er, wie der Name verrät, eigentlich Franzose sein. Er ist wohl der unter den Architekten Friedrichs, neben Knobelsdorff, der am meisten architektonische Phantasie, Mut und das kühnste und persönlichste Raumdenken hat. Und er verleugnet doch dabei nie die große Selbstzucht, die diese scheinbar spielerische und gedankenreiche Zeit ihren Architekten mitgab.

Die „Communs“ am „Neuen Palais“ mit den hohen Freitreppen, die sich zu ihren Säulenbauten hinaufziehen, mit dem mächtigen Halbrund der Obelisken gekrönten Kolonnaden sind ebenso ein Werk von ihm, wie das Militärwaisenhaus mit seiner Kuppel, die nicht lastet, sondern auf sechs Säulen frei schwebt. Es gibt nichts Kühneres in ganz Potsdam, als der Blick von unten, von der Durchfahrt, in die Treppenhalle hinauf, wo immer wieder um weiße Gewölbe über Gewölben sich fein und streng gezeichnete schwarze Eisengitter ziehen. Auch viele der besten Stadthäuser in der Berliner Straße, am Bassin und so fort, verraten seine Hand.

Auch Georg Christian Unger, der 1743 in Bayreuth geboren ist, hat eine warme, reiche, süddeutsche Bauphantasie. Er ist wohl weder so reich an neuen Ideen, noch so großzügig wie Gontard, aber die vornehmsten und zugleich fröhlichsten Häuser – denn ein Haus kann auch fröhlich sein! – stammen von ihm. So die Predigerhäuser aus dem

7 Siehe die Abb. 22, „Putten vor der Bildergalerie im Park Sanssouci“.

Sprengel der Heiliggeistkirche. Auch die hübschsten puppen- und vasengeschmückten Fassaden aus der Charlottenstraße werden auf ihn zurückgehen. Ich denke wohl, auch jene mit den Balkonen und den Puttengruppen darauf, hinter der ich das strohblonde Hannchen von Mühlensiefen, die Braut Heinrich Schön's[8], nebst dem geheimrätlichen Elternpaar einst domizilieren ließ, wird ihn zum Schöpfer haben. Aber vor allem ist etwas von Unger, an das ich nur wie an einen geheimnisvollen, halb schönen, halb schmerzhaften Traum scheu zu denken wage, wie an etwas, was eigentlich nicht von dieser Welt ist. Ich habe nie dort oben laut zu sprechen gewagt und bin immer nur ganz leise an die verhangenen Fenster geschlichen, weil ich fürchtete, sowie ich fest auftrat oder laut sprach, könnte dieser ganze Mittagszauber wieder unwirklich werden und in nichts zergehn … Sie ahnen schon, was ich meine … das Belvedere da oben, am Drachenhäuschen, auf dem Klausenberg, das Unger nach einer Skizze des Königs in die steinerne Wirklichkeit oder richtiger Unwirklichkeit umdichtete …

Ja, und dann wäre zum Beispiel noch Heinrich Ludwig Manger, der 1728 in Sachsen geboren ist und 1753 nach Potsdam kam, also allein unter Friedrich 33 Jahre dort tätig war, und die letzten 20 davon in führender Stellung. Er hat reichlichen Anteil am Bau des „Neuen Palais" und das hübsche und vornehme Haus Am Kanal 41 in holländischem Stil – gelbrote Ziegelwände von durchgehenden, großzügigen, hellen Pilastern unterbrochen, – ist von seiner Hand, gleichsam als Modell für das Neue Palais hingestellt worden. Denn Friedrich hatte auf einer holländischen Reise Geschmack an dieser Bauart gefunden und wollte erproben, wie sich dieser Stil eines bürgerlichen Aristokratismus hierhin verpflanzen ließ. Er war geschickt genug, mit dem Grün der Bäume und der schwarzen Spiegelfläche des Wassers, des träge ziehenden Kanals, zuerst einmal eine nach Möglichkeit ähnliche Umgebung für das Experiment zu schaffen.

Neben diesen Künstlern haben gewiß noch eine Reihe anderer Architekten mit daran geschaffen, Potsdam seine unvergeßliche und einmalige Physiognomie zu geben. Wie Dietrich, Krüger, Schulz usf. Man kennt sie. Aber die Namen der Bildhauer und Stukkateure sind uns kaum bekannt, bis auf wenige, wie Nahl, Glume, Ebenhecht, Benkert usf. Wir wissen, wer die reizenden Reliefs über den Fenstern des ehemaligen Plögerschen Gasthofes[9] gemacht hat (nämlich Heimüller), wer die großen bewegten Figuren an der „französischen Kirche" machte (Glenne), und jene auf dem Dach der Direktion der Gewehrfabrik

8 Figuren aus dem Roman „Heinrich Schön jr." des Autors, erstmals 1915 erschienen.

9 Der Plögersche Gasthof lag in der Schloßstraße, Ecke Hohewegstraße (heute Friedrich-Ebert-Straße). Später beherbergte das Gebäude die Kommandantur der preußischen und dann der deutschen Armee.

(Benkert) und können danach vielleicht erraten, daß dies und jenes vielleicht von der gleichen Hand herrühren mag. Aber gerade die Plastik, die Bauplastik ist doch so überreich in der Stadt, wie kaum irgend wo anders. Hunderte und Aberhunderte von Figuren, Gruppen, Reliefs, Vasen und Girlandenformen und ornamentalen Spielen mit Blumen, Instrumenten, Trachten, Waffen aller Art ... Tausende von Masken und Putten, von Sphinxen, Göttern und Halbgöttern – ich rede hier nur von der Bauplastik – der ganze Formenschatz und die ganze allegorische Vorstellungswelt der Zeit ist mit spielerischer Hand über diese Architekturen ausgestreut. Selbst im Kietz, wo die Fischer wohnen, flicken nur Amoretten auf der Dachbekrönung Netze. Gewiß, manches davon mag handwerklich sein, aber vieles ist von persönlicher künstlerischer Signatur. Wirklich, es wäre ein dankenswertes Unterfangen, wenn man einmal nur die plastischen Baudetails des friderizianischen Potsdams in guten Aufnahmen herausgäbe. Ich glaube, man würde erstaunt sein, wie viel heute verloren gegangene natürliche Anmut und bildhauerisches formales Können in diesen Dingen steckt ... Denn der König war – sagte doch unser Gewährsmann – ein besonderer Liebhaber der Plastik und ein Kenner der Wissenschaften.

Der Anteil aber, den Kopien italienischer Paläste an dem Gesamtbild der Stadt haben, ist keineswegs ein besonders großer, und der Charakter der Stadt wird eben doch von den Künstlern der Zeit bestimmt. Auch sind die Bauten fast nie sklavisch nachgeahmt, sondern immer irgendwie umgemodelt und der Umgebung angepaßt. Im Palazzo Barberini, den wir gleich sehen werden, ist der Mittelbau vorgeschoben statt zurückgestellt. Und selbst der Palazzo Pompeji aus Verona, der so ganz italienisch ist mit seinem schweren Rustica-Untergeschoß und seinen mächtigen Masken über den Fensterrundungen, hat die Verpflanzung[10] nach Norden ganz gut vertragen.

Und das kommt eben daher, weil in der Stadt Potsdam in vorbildlicher Weise jedes, aber auch jedes Bauwerk mit der Gesamtheit, mit der Umgebung, mit der Straße, dem Platz in Einklang gebracht worden ist. Was hier an Raumwirkungen, an Straßenbildern, an Platzgliederungen, an Durchblicken, an Abschlüssen geschaffen worden ist, teilweise (wie Idee und Abschluß der Breiten Straße) auch von Knobelsdorffs Hand, darüber könnte man Stunden sprechen. Wo man auch in Potsdam steht, immer hat man gute Durchblicke, immer geschlossene und stileinheitliche architektonische Bilder, und zwar in einem ganz andern Sinne, als das sogenannte malerische Bild der süddeutschen Stadt. Auch das Straßenbild ist in Potsdam räumlich und plastisch gedacht!

10 Als Gasthof „Zum Roten Adler“ in die Humboldtstraße 3 von Carl Ludwig Hildebrandt für Johann Friedrich Schmidt aus dem Jahr 1754.

Die Geschichte des Stadtschlosses

Sie meinen, es zieht hier auf der Brücke doch auf die Dauer vom Wasser herüber. Sie mögen recht haben. Aber es ist doch so hübsch hier zu stehen, und nach dem Schloß, dem Lustgarten, den Kolonnaden herüberzuträumen. Es hat nicht immer so ausgesehen, wie jetzt. Erst war es ein richtiges altes Wasserschloß von einem breiten Graben umgeben, mit Brücken als Zugängen, mit vier Eckpavillons, und einem dicken eckigen Turm. Im dreißigjährigen Krieg diente die Kirche darin als Getreideschuppen, und in der Gesindestube war der Schafstall. „Es siehet sonsten wohl seltsam aus, aber vor einen Schafstall ist es schon stattlich." Dann wurde es ein etwas düsteres Barockschloß unter dem Großen Kurfürsten und seinen Nachfolgern nach Art des Mauritshauses[11]. Denn dessen Schöpfer hatte hier auch eine beratende Stimme gehabt. Dann baute Schlüter dem preußischen Königtum einen Prunksaal ein, von dem nur noch ein paar Deckengesimse und Dekorationen auf uns gekommen sind. Aber, wie wir es heute vor uns haben das Stadtschloß, ist es im Ganzen friderizianisch. Das heißt: damals war alles viel farbiger. Der Bau war rot getüncht, und das Kupferdach war blau mit reichlicher Vergoldung. An den Seitenflügeln, die Boumann vorgezogen hatte, waren noch die großen Masken, von denen Knobelsdorff spottend sagte, daß sie nicht dem Wohnort eines christlichen Königs zukämen, sondern einem türkischen Serail, an dem viele abgeschlagene Menschenköpfe zur Schau gestellt wären. Die Neptungruppe da drüben, der Triumph der Galatee in dem Teich, war noch nicht aus Sandstein, sondern in Bleiguß und vergoldet, und hier links an dem Wasser entlang waren überall goldene Püppchen auf der Balustrade und hinten auf den Abschlüssen, die den Lustgarten von allen Seiten umschlossen, ja, da gab es sogar 40 eingelassene Landschaftsbilder usf. Die Plastik war viel reicher vertreten, auf der Balustrade allein dreißig Kindergruppen und das ganze Bild war eben bunter und lustiger. In einem Flügel des Schlosses unter einer Kuppel, war eine Kirche, und im andern ein Theater. Und nachdem – bezeichnend genug – Friedrich der Große die Kirche in Bedientenzimmer hatte umwandeln lassen, ließ Friedrich Wilhelm der Dritte, das von Nahl geschaffene Theater – der gleiche, der die herrlichen Privaträume Friedrichs schuf, in Blau und Silber – wiederum bezeichnend genug! – in Beamtenwohnungen umbauen. Das ist bedauerlich und eine ziemliche Barbarei. Denn Kirchen haben wir genug; aber niedliche echte Rokokotheaterchen, in de-

11 Bei dem Mauritshuis handelt es sich um ein ab 1633 im Auftrag von Moritz von Nassau als Wohnsitz erbautes Palais in Den Haag, Niederlande. Im Jahr 1820 wurde es vom niederländischen Staat als Sitz für die Königliche Gemäldegalerie gekauft und 1822 als Museum eröffnet.

nen man eine Barbarina und eine Camargo von heute tanzen lassen könnte, Schäferspiele, jungen Goethe und Molière spielen könnte, gibts kaum noch. Und der große Kuppelbau auf dem Markt da drüben war auch noch nicht da – er ist ja von Schinkel. D.h. eigentlich wollte Schinkel, seinem Wesen gemäßer, solch eine Art antiken Tempel hinbauen. Aber, als man ihm dieses heidnische Vorhaben verwies, zog er sich so aus der Affaire. Man kann dieses So bejahen oder verneinen. Ich sprach schon darüber, weshalb ich es – bei aller Diskrepanz der Stile! – nicht missen möchte. Schinkel war eben so groß, daß er selbst aus einer verfahrenen Situation rettete, was zu retten war. Also statt dieser Kirche stand da einmal eine Barockkirche, vor die Friedrich der Große, als Scheinfassade, das Portal von Santa Maria Maggiore in Rom setzen ließ. Die Geistlichkeit beschwerte sich: man könnte nun in der Kirche nichts sehen. Worauf Friedrich der Große randbemerkte: „seelig die, die glauben und nicht sehen".

Aber eines schönen Tages ließ ein Handwerker bei einer Reparatur auf dem Turm einen Lötofen umfallen, und damit wurde dann dieses Ärgernis durch Feuer beseitigt.

Lustgarten und Neptungruppe

Doch ehe wir nun beginnen durch die Stadt zu schlendern, sehen wir uns mal hier die Kolonnaden an, die Knobelsdorff von der Havel ans Schloß heranführte und drüben dann vom Schloß zum Marstall, der nebenbei eine umgebaute Orangerie aus der Zeit des Großen Kurfürsten ist. Und werfen wir einen Blick auf die Rampen des Ufers. Sehen Sie mal, wie angenehm und einfach die in den Proportionen sind und wie hübsch in der Lösung der Linien. Und was ist es, weshalb ich diese Kolonnaden so liebe? Sie gehören mit zu den Bildern, die in meinem Hirn sofort herausspringen, sowie das Wort „Potsdam" fällt. Ich will es Ihnen sagen: weil sie völlig sinn- und zwecklos sind, reiner Schmuck, absolute Schönheit. Ein Gitter sind sie nicht. Ein Abschluß auch nicht, wenigstens mehr ein gedachter, als ein wirklicher. Riesige kannelierte Säulen tragen ein Gesims. Sie müssen sich zu zweien und dreien zusammenrotten, um es überhaupt tragen zu können. Und was ist es, das sie tragen? Eine niedere durchbrochene Balustrade, die mit ein paar schönen, geschweiften Vasen und ein paar Puppen und augenfälligen Nacktheiten besetzt ist. Kein Weg führt an der Balustrade entlang, nein sie ist einfach weglos in die freie Luft hinaufgeträumt, vielleicht für Götter, die da oben spazieren gehen sollen. Und in dem hohen luftigen Rahmen, die von Säulen, Gesims und der steinernen Fußplatte gebildet werden, sitzen sockellos, direkt dir gegenüber, ganz phantastische steinerne Brunnen, oder zwei mannshohe Tafelaufsätze – mit Weibern Muschelschalen, Putten, ein sinnliches Gewirr von Leibern und Formen, mit Wasser, das hochspritzt, Wasser, das herunterrinnt, das natürlich auch kein Wasser ist, sondern Stein. Und durch diese Baukulissse, die ebenso mit Steinen, wie mit Luft und Himmel und Wolken als Baumaterialien rechnete, sieht man das Schloß, den weiten Paradeplatz, den Lustgarten, die Neptungruppe drüben und sieht hinten als Schluß, zwischen der Kommandantur und den andern schlichten Knobelsdorff'schen Häusern die „Breite Straße" sich öffnen, den Turm der Garnisonkirche, und ganz, ganz hinten als Abschluß (über die Mangersche Brücke fort) die Obelisken des Neustädter Tors. Das heißt wir sehen mit einem Blick, wie im Querschnitt für diese Stelle, durch ganz Potsdam hindurch und fühlen schon, bevor wir eintreten, diese bewußte, plastisch in Raum gedachte Stadtanlage.

Ach, bummeln wir erst mal zu dieser Neptungruppe herüber, die da inmitten von Entengrütze und Schilf grau in ihrem Wasserbecken ihr steinernes Dasein führt. Sie ist auch von Knobelsdorff entworfen. War eigentlich Metall und vergoldet – wie ich schon sagte – und ist erst, als sich dessen Vergänglichkeit bewies, in Sandstein (oder so) umgesetzt worden. In letzter Zeit glaube ich, hält auch das nicht mehr. Mich hat die Gruppe immer entzückt, trotzdem sie nicht mehr sein will, als sie ist: eine Gartenplastik. Erstens hat sie die Natur gern. Denn im Herbst wuchs immer Ampfer und Wasserfenchel und Schilf und Binsen und Schierling und, was sonst noch üppig wird und Feuchtigkeit liebt, dicht um sie herum, kroch auch auf die Sockel, quetschte sich in die Steinrinnen, hob ordentlich die Schwimmbeine der Meerpferde. Und dann war an der Gruppe alles in wilder Bewegung. Der zornige Meergott wollte mit seinem Dreizack in die Wogen stoßen. Die Tritonen bliesen alle Backen auf – „hört wie ins Muschelhorn die Steintritonen blasen" – die Meerpferde lassen sich kaum zügeln und sind eben vor dem Durchgehen. Und oben, ganz oben, thront fast völlig unbewegt, ruhig und aufrecht, die schöne, großgliedrige Galatee und läßt sich die Sonne auf den wundervollen Rücken brennen, der Stein und Fleisch zugleich ist. Alle rackern sich ab, rackern sich für sie ab. Aber es spritzt ihr da oben nicht bis an die Fußsohlen. Sie nimmt's als selbstverständlichen Tribut an ihre Schönheit hin, die nur ihr gehört, und die sie verschenkt, aber nie eintauscht. Sie mögen Recht haben, daß ich diese Gruppe vielleicht gar nicht ihrer bestreitbaren Kunst wegen liebe, sondern wegen Zufälligkeiten, wegen eines Sinns, den ich mir hineingelegt habe. Ja, aber ist es nicht zum Schluß mit aller Liebe so, daß wir Dinge und Menschen des Bildes wegen lieben, das wir uns von ihnen machen? Und glauhen Sie etwa, daß es bei der Kunst viel anders ist? Wollen wir durch den Lustgarten, über den Paradeplatz gehen. Lassen wir es. Ich muß immer denken, wie hier noch im Kriege die Rekruten gedrillt wurden. Es war kein angenehmes Bild. Und, wie hier die langen Kerle einst stöhnten, und der gichtische Friedrich Wilhelm I. vom Stoßwagen aus ihnen neidisch und nörgelnd zuschaute. An Parademarsch muß ich denken und Staub und an das ganze lärmende Theater des preußischen Militarismus. Wozu?

Virtueller Besuch des Stadtschlosses

Gehen wir zurück, in die Stadt hinein, am Stadtschloß entlang, zum neuen Markt vor. Wir wollen nicht das Stadtschloß uns jetzt ansehen. Wir würden doch nicht die rechte Freude daran haben, weil wir geführt werden, und jede Führung, ja selbst jede Beschreibung läuft auf „Dasselbe" heraus. Sie verstehen nicht? Die Gemälde hier im Marmorsaal verherrlichen den Großen Kurfürsten, heißt es in meinem Guide. „Das erste Gemälde von van Tulden stellt die Geburt desselben dar. Das zweite den Frieden von St. Germain von ebendemselben, und das dritte die Stärke und Weisheit desselben von Laigebe. Ferner sieht man … " Also wenn Sie mal Glück haben, daß Sie allein hereinkommen, und dem Führer Schweigegeld geben können, dann gehen Sie so ganz langsam durch diese drei, vier wundervollen Privaträume des Großen Friedrichs, mit den Möbeln von Kambly, den Schreibtischen, dem großen Eckschrank (er kostete 3.000 Taler), den Dekorationen von Nahl und den wundervollen Stuckdecken. Sehn Sie mal, wie Silber und Blau – nur in der Amalienburg im Nymphenburger Park finden Sie diesen Akkord wieder, aber er ist dort nur Stuck und hier ist er wirklich Seide und Silber –, sogar in der Balustrade, die den Alkoven mit dem Bett von dem Bibliotheksraum trennt, massives Silber! – wie die zusammenklingen. Denn das Auge kann auch Klänge sehen. Sehen Sie sich an, wie die Bilder, die Lancrets, Pesnes und Paters – neben der Tänzerin Barbarina tauchen auch andere Rivalinnen des Balletts in ihnen auf – in die Wand eingelassen sind, in silberner Umrahmung in die Zimmer eingefügt sind, wirklich nur zu einem Stück schöner Wand geworden sind … Rokokobilder in Rokokoräumen; und sie verstehen den Sinn dieser Malerei, ihre zeitliche Unwirklichkeit. Sehen Sie die Chinoiseriespiele der Decken – ein Dank des Westens an den Osten. Wie leicht, wie graziös, und dabei stets einem Symbol, einer Idee untergeordnet. Fischerei, Jagd, Musik, Liebe – welch eine Anmut! Und welch ein Naturalismus trotzdem in Pflanzen, Tieren, Bäumen, bei aller Unterordnung unter die Einheitlichkeit des stilistischen Gedankens. Man denkt immer, daß das Rokoko eine stilistische Spielerei nach einer einmal gefundenen oder dem fernen Osten entliehenen Formel ist. Aber gerade hier, wenn man die Dekorationen von Merk, von Hoppenhaupt, von Ebenhecht sieht, so fühlt man, wie lebensnah und intim doch diese später als so verschnörkelt verschrie'ne Zeit in ihren Künstlern fühlte. Und gerade diese Lebensnähe ist es, die den friderizianischen Stil – dem sich alle hier unbewußt unterordnen – vom französischen und süddeutschen Rokoko trennt. Als *Comble* der technischen und geschmacklichen Vollendung gilt der Bronzesaal. Aber das Blau und Silber des Schlafraumes wird länger in ihnen nachklingen, weil es überraschender ist, als das helle honigfarbene Zedernholz und das matte Gold der Bronzen. Und dann vergessen Sie nicht, sich die Prunkräume anzusehen, die so um 1800 umgeschaffen wurden. Es ist mit das Beste an Empire, das Sie in Potsdam sehen können, der Coursaal und das sogenannte etrurische Zimmer. Wie hier als Masse in Wandtäfelungen und Fensterumrahmungen Holz verwandt ist, schlichte, gemaserte Flächen, nur ganz leicht farbig oder golden abgesetzt, das ist prunkvoll und bescheiden zugleich und dabei von einer ausgesprochenen Vornehmheit der Kunstgesinnung. Wie sich doch in wenigen Jahrzehnten nicht nur der Geschmack, sondern auch das Empfinden von Grund auf derart ändern konnte! Erst alles Geist und Bewegung – auch seelische! Dann alles Ruhe und eine kühle Reserviertheit. Man fühlt, wie die französische Revolution plötzlich in ganz Europa eine andere geistige Atmosphäre geschaffen hat.

Durch die Straßen Potsdams

Panorama am Alten Markt

Doch kommen Sie, wir wollen wenigstens mal einen Blick in den Hof werfen und die Ansicht über das Fortunaportal hinweg auf die Kuppeln des Doms und des Rathauses genießen. Wir müssen uns, hin und her schreitend, die Stelle auf diesem *Cour d'honneur* suchen, von der aus die Linien und das Spiel der drei Kuppeln sich ohne gegenseitige Überschneidungen harmonisch ordnen. Wie reizvoll dieser geschweifte Abschluß, der die beiden Schloßflügel zusammenfaßt, und dann darüber, gleichsam in Stein erstarrt, die Idee der Stadt (Kirche und Rathaus). Man hat das Gefühl, daß es nur ein Ausschnitt eines großen Ganzen ist und daß noch viele Kirchen und viele große Bürgerbauten dahinter sind, jenseits davon, die man nicht sieht. Auf einzelnen pompejanischen Fresken gibt es so Darstellungen von antiken Städten, ganz unwirklich und vielleicht doch wirklich, mit Tempeln und Kuppeln und Bädern, mit Leuchttürmen und Häfen voller Triremen ... alles völlig unwahrscheinlich auf einen kleinen Raum zusammengedrängt, ein Etwas, das sich vorbildlos aus der menschlichen Phantasie herauskristallisiert hat. Und irgend eine merkwürdige Ideenverbindung verknüpft in mir diese beiden scheinbar so entfernten Dinge miteinander. Wie nett der Hofplatz jetzt träumt mit den weißen Mustern, Linien und Sternen in seinem Pflaster, auf dem sonst immer das Klipp und Klapp der Nagelschuhe der aufziehenden und sich ablösenden Wachen als Echo von den Schloßwänden kam! Wie still und gerade die verwaisten Gewehrständer in der Sonne stehen! Es mag hart klingen: aber Geschichte bekommt doch wirklich erst Leben, wenn sie tot ist; und über Schlössern und Schloßhöfen muß Stille liegen, wenn die Menschen von einst durch ihre Kunst zu uns sprechen wollen.

Wie hübsch und leicht sie doch eigentlich ist – trotz ihres Barocks! – die auf den vier Eckrisaliten freischwebende Kuppel mit der flatternden Fortuna darüber. Sie ist zwar nicht so leicht, wie die über dem Militärwaisenhaus schwebende Kuppel, aber das hätte gar nicht hierher gepaßt ... Der Platz beunruhigt sie etwas. Sie fühlen sich bedrückt von dem Dom vor ihnen. Ja, vielleicht war auch die Platzwirkung einmal eine andere. Nach alten Stichen erscheint es mir, als ob der Vorgänger der Nicolaikirche (der abbrannte) weiter zurücktrat, und dadurch sich die Dimensionen um den Obelisken nach allen Seiten besser ausrundeten. Knobelsdorff liebte Obelisken sehr lange vor der Aegyptenmode, die der Feldzug Napoleons in die Welt brachte. Manche hat er mit ganz phantastischen Zeichen bedeckt – Hieroglyphen des Rokoko – wie die am Neustädter Tor oder am Eingang zu Sanssouci, Hieroglyphen mit Zäpfen und Allongeperücken so zu sagen. Und er liebt weiter – wie seine ganze Zeit – Sphinxe, weil sie amourös und geheimnisvoll zugleich sind. Ich weiß gar nicht, wie viel dieser verlockenden oder verderblich lächelnden löwentatzigen Frauenwesen in Potsdam noch heute ihr steinernes Unwesen treiben. Selbst auf Stuckdecken fand ich ihre schweren Leiber. Sie bewachen den Eingang zu Potsdam an der Havel, das Stadtschloß; und sie bewachen den Eingang zum Park von Sanssouci, wo sie sogar gepuderte Perücken, Fächer und Schleier haben, die Amor selbst vergeblich ihnen vom lockend verhüllten Antlitz zu zerren versucht. Von allen Obelisken, die Knobelsdorff hier in Potsdam errichtete, ist das der ernsteste. Ein wirkliches Monument. Die andern sind eher lustig und belustigend gedacht, eine Baulaune, eine Dekoration. Aber der hier ist schön im Material, schön und stolz in der ganzen Gliederung, von Sphinxen umlagert, von Eckfiguren gestützt, mit Frauenköpfen *en relief* geschmückt. Alles an ihm ist wundervoll gegliedert, wenn auch der Sockel früher höher war, abgeschrägt und von Girlanden umgeben. Heute wächst er etwas unvermittelt aus dem Boden. Man hat bei dem Neubau der Kirche wohl versucht, ihn wenigstens im Stil etwas dem anzuähneln; und, wirklich, er ist durch diese kleine Änderung – so klassisch empfand Knobelsdorff, wenn er monumental dachte (dergleiche der da drüben auf der Mauer an der Kommandantur zum Beispiel solche Rokoko-Vase spritzig und über bewegt hinzeichnete) – er ist jetzt fast ganz klassizistisch geworden.

Wir wollen einmal einen kleinen Augenblick hier am Obelisken stehen bleiben, um uns nach allen Seiten umzuschauen. Was fällt Ihnen auf? Ich weiß: daß, wo Sie auch hinblicken mögen, hier nach der Humboldtstraße herunter, nach dem Schloß herüber, die Schloßstraße hinab, überall hin das Bild geschlossen ist, und der Blick immer auf einen Schlußpunkt hingeführt wird. Der Dom mag nicht all zu glücklich sein, die vier Ecktürme mit den Laternen und den Engeln waren nicht in Schinkels Entwürfen; aber er kann doch die große Hand nicht verleugnen. Schinkel hat eigentlich das Baubild von Potsdam wenig bestimmt. Nur noch das Kasino in der Lindenstraße, nein Waisenstraße; und da ist es nicht das Äußere, die Fassade, die uns erschreckt und überwältigt, sondern die Innenräume, Vorsaal und der Tanzsaal. Ich kenne keinen Raum, der, selbst leer, so festlich ist, und, nur mit Paradeuniformen und übergroßen Menschen und Decolletés gefüllt, sich darbietet, wie die beiden Säle. Linie, unter Gardemaß, würde schon gar nicht an die Türklinken kommen; geschweige denn die Türe öffnen können. Gewiß: Schinkel hat auch den Traum eines antiken Hauses in Charlottenhof nach Norden getragen, im Park von Glienicke sieht man etwas von ihm und bevor man nach Sanssouci herein kommt, aber all das liegt abseits und ist nicht bestimmend für Potsdam.

Lassen Sie mal Haus für Haus passieren: Hier gibt's viel gute Architektur, kein Bau ringsum, der nicht jeder Betrachtung standhält. Eigentlich ist an den Bauten, meinen Sie, viel Ornamentales, viel Dekoration, Schmuckteile an Fassaden und auf den Gesimsen der Dächer, über und unter den Fenstern, Sie mögen damit recht haben, aber zeigen Sie mir in dem Potsdam Friedrichs ein Haus, in dem Ornamente, der Schmuck Selbstzweck geworden wäre und sich nicht der Bauidee einfügte oder sie unkenntlich machte. Selbst an Schlössern, dort wo der Schmuck überreich wird, wie im Neuen Palais, oder auf dem Dach des Mittelbaus der Gemäldegalerie leidet doch – und wenn man auch meint, es löst sich alles auf und will in den Himmel hinaufflattern – die Einheitlichkeit der Bauidee nicht. Die meisten der Prunkbauten hier ringsum sind nach italienischen Motiven. Den Palazzo Barberini – er ist nebenbei erst 1771 erbaut worden und hat durchaus nicht, wie die Fama geht, mit der schönen tanzenden Freundin, die Pesne Tambourin schwingend mit einem Panterfell malte und auch ohne diese Embleme (wir reden uns immer ein, Rokoko war klein; dabei war sein Frauenideal langgliedrig und überschlank fast!), also mit der Dame[12], die jetzt zu so vielen schlechten Romanen und noch schlechteren Filmen und Stücken herhalten mußte, hat er durchaus nichts zu tun. Dann ist da – Sie können es von hier nicht mehr gut sehen – der italienische Bau[13] mit den Säulen und den etwas zu schweren Masken, nach Veronas Palazzo Pompeji. Dann Palladio plus Holland: Das Rathaus. Man hat versucht, noch vor kurzem, es zu erweitern, und sah bald ein, daß es so wenig heute zu ergänzen war, wie eine antike Statue. Da sind die Predigerhäuser[14], Roms Consulta und ein Palast aus Vicenza stand dabei Pate. Aber all diese Bauten sind eben doch nicht Italien, sie sind umgewandelt und umempfunden, haben sich gleichsam einer andern Luft anpassen müssen. Algarotti, der Friedrichs päpstlicher Vertrauensmann war, mußte ihm Zeichnungen von italienischen Palästen schicken, und Palladio, Vitruv und Piranesi wurden eifrig nach Motiven durchblät-

12 Einer unbegründetene Legende nach soll Friedrich II. in die Tänzerin Barberina verliebt gewesen sein und das Palais nach ihr benannt haben.

13 Das Haus Humboldtstraße 3 entstand 1754 nach dem Vorbild des von Michele Sanmicheli um 1530 entworfenen Palazzo Pompei in Verona (siehe auch die Fußnote 10).

14 In direkter Nachbarschaft zur Heilig-Geist-Kirche am östlichen Ende der Burgstraße entstanden Ende des 18. Jahrhunderts Predigerhäuser im Stile des späten Rokoko.

tert. Und trotzdem ist kein Berliner Dom, sondern soviel Gutes dabei herausgekommen. Nebenbei ist eigentlich hier nur im Umkreis des Schlosses die Häufung von palastähnlichen Fassaden, die übrige Stadt bleibt sehr zu ihrem Vorteil bürgerlicher. „Mein Wohnideal wäre," sagte ein witziger Kopf der Zeit, „in einem niedlichen Häuschen im französischen Geschmack zu leben, mit Aussicht auf einen Bau von Palladio."

Ich habe eigentlich nie gesehen, wie es nun in diesen Häusern aussieht, ob schöne Zimmer, Säle Treppenhäuser dort waren, reiche Stuckdecken, alte Seidentapeten usf. Außer ein paar schönen Treppenhäusern, wie im Stadtmuseum und Am Kanal kenne ich keine Innenräume von Belang. Glaube, es war nie allzuviel. Und von dem, was einst war, ist heute wenig nur noch vorhanden.

Abbildung 1 (Quelle: Potsdam-Museum – Forum für Kunst und Geschichte; Fotograf unbekannt, Entstehung um 1900): Der auf der folgenden Seite 41 beschriebene Puttenfries befindet sich über der Eingangstür im Mittelrisalit des Eckhauses „Alter Markt 13" (oberhalb des Klohäuschens zu sehen).

Im „Buch der Erinnerung. Die ins Baltikum deportierten deutschen, österreichischen und tschechoslowakischen Juden" (Bd. 1, München 2003) wird dieses Haus als letzter Aufenthalt folgender Personen genannt, bevor sie am 13.01.1942 in ein Konzentrationslager bei Riga verschleppt wurden: Elfriede Gumpel (geb. 15.05.1878 in Berlin), Margarete Rubert (geb. 14.01.1879) und Martha Rubert (geb. 24.04.1886 in Potsdam).

Der Autor dieses „Spaziergangs in Potsdam" wurde am 16. November 1943 aus dem von den Deutschen eingerichteten niederländischen Internierungslager Westerbork nach Auschwitz deportiert. Als sein Todestag gilt der 19. November 1943.

Sehen Sie mal da drüben am Markt Nr. 13 diesen langgezogenen Puttenfries … erinnern Sie sich an die Casa[15] der Vettier? Da, aus Pompeji kommt so etwas eigentlich her, dieses Spiel der Amoretten mit den Verrichtungen der Grossen. Da sind auch solche Goldschmiedewerkstätten und Webereien an die Wände gemalt. Was treiben diese nackten Bengelchen und Mädelchen da oben eigentlich? Sie gießen etwas in eine Bütte; sie schleifen etwas heran; sie verbrennen etwas. Es wird wohl irgendwelche Beziehungen zu dem Handwerk und dem Vertrieb haben, der hier mal in dem Hause war. Vielleicht war es für einen Weinhändler gebaut. Aber sehen Sie sich mal Komposition und Modellierung mit dem Glas an. Und dann denken Sie an das, was heute an Bildhauerarbeit und Stuckwerk an die Häuser kommt. Meinen Sie, daß man das nach hundertfünfzig und mehr Jahren noch ansehen kann? Doch – Gottlob! – es wird da gar nicht mehr vorhanden sein. Nicht, weil die Häuser inzwischen niedergerissen sind, sondern, weil unser Stuck und unser Verputz von Heute in dieser Zeit sich längst in Nichts aufgelöst haben wird. Wie viel davon haben wir schon in den letzten zwanzig Jahren im bayrischen Viertel[16] und um den Victoria-Louisenplatz zerbröckeln und in sich zerfallen sehen. Vielleicht wird also in der gleichen Zeit, wo hier kaum ein Fingerchen von einem Putto losbrach, unsere ganze architektonische Schreckenskammer schon wieder verschwunden sein. Das walte Gott! Von wem es ist? Wer der Modelleur war? Ich ahne es nicht. Aber vielleicht war es die gleiche Hand, von dem in der Schloßstraße, da drüben an dem Plögerschen Gasthofe[17], unter den Fenstern die Putten in dem bewegten und reizend lockeren Hochrelief sind. Oder jene am Kanal in der Nauener Straße, in der alten Post. Ich denke: er heißt Heimüller. Einer der wenigen der Modelleure, die man sicher bei Namen kennt. Aber es kann auch ein anderer gewesen sein. Das hübsche an alter Kunst ist ja die Anonymität. Wenn heute jemand einen blauen Kreis und zwei rote Striche hindurch malt, schreibt er zuerst einmal in Antiqua seinen Namen herunter. Doch betrachten Sie sich einmal dieses ganz schlichte Haus[18], das an der Ecke vor dem Boumannschen Rathausbau. Es will gar nichts von sich hermachen, wie die Palastfassaden ringsum, und behauptet sich doch zwischen ihnen. Im

15 Bei der Casa dei Vettii handelt es sich um ein 1894 ausgegrabenes Wohnhaus einer wohlhabenden Familie von Kaufleuten im antiken Pompeji.

16 Das berliner „Bayerische Viertel" liegt zwischen Hohenstaufen- und Badenscher Straße rund um den Bayerischen Platz, wenige Kilometer südlich des westlichen Stadtzentrums. Es wurde zu Beginn des 20. Jahrhunderts für ein großbürgerliches Publikum errichtet. Der Viktoria-Luise-Platz liegt eine U-Bahnstation nördlich des Bayrischen Platzes.

17 Siehe Fußnote 9.

18 Es handelt sich um das Knobelsdorffhaus rechts neben dem Rathaus (vom Alten Markt aus aufs Rathaus geschaut) mit dazwischenliegendem Windelbandschen Haus.

Sockel ist es wohl etwas zu seinem Schaden verändert, aber sonst ist es ziemlich unberührt. Woran erinnern Sie die beiden Karyatiden, die mit dem Oberkörper aus den überlangen, spitz zulaufenden Pilastern herauswachsen, und mühselig, mit verkreuzten Armen, den breiten, schön geschweiften Balkon stützen, mit seinem leichten und doch groß gedachten und stabilen schmiedeeisernen Gitter? Woran die schrägstehenden großen Köpfe über den gerundeten Mittelfenstern darüber? Sind das nicht Motive aus Sanssouci?! Und Sie haben recht: es ist auch von Knobelsdorff. Wie unendlich schlicht dabei das Ganze ist: der nur wenig betonte und doch deutlich sich absetzende dreifenstrige Mittelbau, durchgehend in einer Linie von oben bis unten. Die beiden einfenstrigen Seitenflügel. Der Sockel, der sich dem etwas ansteigenden Straßenniveau anpaßt. Die Kanten des Mittelteils und der Flügel sind nur bis zum ersten Stock mit Quadern betont, als ob hier der Bau etwas mehr Festigkeit brauchte. Sonst aber sind es ganz schlichte, große Putzflächen, in denen, prächtig eingeschnitten und profiliert, die wenigen großen Fenster sitzen. Und zwar im Wechsel: langgezogen, dann gerundet und unter dem Dach rein quadratisch. Und doch ist diese Seite nur eine Scheinfront. Der Eingang ist von der anderen Straße. Aber man vermißt ihn nicht. Das Türchen hier unten führt wohl in irgend welche Kellerräume.

Zwischen Havel und Stadtkanal (Altstadt)

Die Bedeutung eines Architekten ersieht man eigentlich erst daran, wie er solche Aufgaben bewältigen und schier ohne Mittel sie gefällig und vornehm macht. Und das Erreichen von Vornehmheit mit äußerster Sparsamkeit der Mittel – so daß eigentlich nur das Haus an sich, der reine Gedanke bleibt, tritt in den anderen Häusern von Knobelsdorff noch stärker hervor. Die ehemalige Kommandantur[19] ist (jetzt Oberpräsidium) am Lustgarten ein Repräsentationsbau und deshalb reicher. Sie zeigt aber nur die gleichen Prinzipien: Betonung der Ecken durch die Andeutung von Quadern; klare und doch diskrete Hervorhebung des Mittelbaus. Die hohe gruppen- und vasengekrönte Abschlußmauer des Lustgartens ist an der Seitenfassade direkt auf der Wandfläche als Bauteil des Hauses weitergeführt. Unter tausend Architekten würde nicht einer den Mut dazu haben, und es geht dabei, ist sogar amüsant und belebend. Aber noch besser als Probe auf unser Exempel sind die Häuser da hinten, hinterm Lustgarten, z. B. das in der Schloßstraße zwölf und die am Eingang zur Breiten Straße. Es sind niedere einstö-

19 Das Gebäude wurde 1754 vom Architekten Carl Ludwig Hildebrandt errichtet.

ckige Häuser – oder solche, in denen das zweite Geschoß nur noch ein Halbgeschoß ist – mit flachen Dächern! – und doch wirken sie durchaus monumental, mit ihren hohen Fenstern, mit den scharfgekanteten Flächen, mit den stark durchgezogenen Querlinien der Geschosse. Sie ruhen auf dem Boden – breit und selbstbewußt. Flache Stufen führen zu dem Eingang, den gewulstete Säulen flankieren. Tücher wiederholen die Rundungen über den oberen Fenstern, Schlußsteine lasten auf den Graden der unteren. Die Mittelachse wird wohl betont, aber sie wird nicht hervorgehoben. Die Häuser erinnern mich an ein Wort, das mal ein kluger Architekt mir sagte: „es ist durchaus falsch, anzunehmen, daß in der Baukunst zwei Meter zwei Meter sind. Es können fünf Meter sein und es braucht auch nur ein Meter zu sein. Es kommt ganz darauf an, wer die zwei Meter in die Hände gekriegt hat; ein Künstler oder ein Pfuscher. Aus zwei Metern fünfe zu machen, das ist das letzte Geheimnis, das wir lernen können." Vor den Häusern aber erkennen wir, daß, wenn einer, Knobelsdorff unbewußt dieses Geheimnis besaß. Ich weiß nicht, ob die Pflasterung vor dem Haus auch aus der Zeit stammt, und wenn auch nur in dem Verhältnis des Bürgersteigs zu dem Haus. Aber: wie der Bürgersteig, überbreit und an den Ecken gerundet, davor liegt, gleichsam einen Vorplatz bildet, das ist durchaus einheitlich mit der Front des Hauses gedacht. Wenn ich Ihnen überhaupt einen Rat geben will, halten Sie so etwas nicht für nebensächlich. Achten Sie auf Kleinigkeiten. Sehen Sie sich an, wie drei Stufen zu einer Haustür emporführen, wie mit der Pflasterung eine Unebenheit des Terrains überwunden wird. Achten Sie auf Straßenbreiten. Darauf, wie Bäume angepflanzt sind und wo; Am Kanal, im Kietz, in der Lindenstraße. Sehen Sie sich Gitter an, Eisengitter – nicht nur des Rokoko! – und wenn sie Ihnen auch noch so einfach scheinen; wie der eiserne Abschluß vom Lustgarten. Betrachten Sie sich die Böschungen des Kanals etwas genauer, die Spannungen der Brücken darüber. Die Beziehungen von Bürgersteig zum Fahrdamm. Gehen Sie auch nicht an den kleinen Beischlägen vorüber, die die simplen Häuschen am Wasser des Kanals haben und so fort. Denn nichts von all dem ist beziehungslos zum Wesen und zum Bild dieser Stadt.

Ich denke, wir bleiben vorerst in diesem Teil hier vorn, diesseits des Kanals. Denn es ist doch der Teil, der sich besser und ursprünglicher erhalten hat. Die Innenstadt, die ein modernes Geschäftsleben hat, ist doch schon reichlich zerstört und umgebaut, am stärksten wohl in der Nauener und in der Brandenburger Straße, die wirklich heute nur noch wenig von Potsdam verraten und ebensogut in Brandenburg oder in Burg liegen könnten. Das heißt, so peinlich und physiognomielos mit der Zeit geworden ist, wie das eben nun mal eine aufblühende märkische Provinzstadt nur sein kann.

Es drängt sich die Frage dabei auf: haben wir das Recht dazu? Daß wir es uns genommen haben, ist nicht zu bestreiten; und was wir damit erreicht haben, ist – wenn wir aufrichtig sein wollen – traurig und beschämlich zugleich (nicht nur in Potsdam, wo es noch verhältnismäßig glimpflich verlief). Zieler, der die Einleitung zu dem guten Tafelwerk über Potsdam schrieb, gibt der Gegenwart recht, meint, daß die Ansprüche des modernen Lebens stärker sind, als ästhetische Theorien; und daß eben zwangsläufig durch eine Citybildung historische Architektur angebröckelt und zu Grabe getragen wird. Er stellt fest, daß die Pflege des Ortscharakters so etwas wohl aufhält, aber nicht verhindert. Warum, meint er, soll die Gegenwart nicht im Gegensatz zu dem Alten stehen? Ist doch diese Stadt auch in striktem Gegensatz zu ihrem Charakter einst von Friedrich umgeformt worden? Das Erbe der Vergangenheit aber darf nicht ein Hemmschuh unserer künstlerischen Entwicklung werden. So Zieler.

Ich muß bekennen, daß ich einigermaßen erstaunt war, als ich in diesem so kunstklugen und so für das Gegenteil überzeugend schönen Buche auf solche Sätze stieß. Und ich kann diese Stellungnahme mir nur aus der politischen Konstellation deuten, in der damals zur Krone Preußens die Stadtverwaltung stand, die sich dadurch, daß sie über bauliche Veränderungen kein Verfügungsrecht lange gehabt hatte, in ihrer Entwicklung zu einem modernen Stadtgebilde behindert fühlte. Sie erinnern sich noch – sofern Sie älter sind –, welchen Kampf es darum gab, daß die Straßenbahn eingeführt und dann elektrisiert wurde. Heute können wir es uns doch ganz ruhig eingestehen, daß es eine Barbarei und Verschandelung der Stadt und seiner schönsten Straßen und Plätze war. Zudem fielen noch (wie in der Charlottenstraße) völlig überflüssigerweise wundervolle Rotdornreihen den Nützlichkeitsprinzipien zum Opfer; und diese überbreite Straße, die trotz ihrer niederen Häuser durch diese Bäume intim gemacht wurde, war nun kahl, wie ein Rattenschwanz und frostig, wie ein abgesägter Geheimrat. Nein, ich bin, wenigstens für Potsdam, durchaus anderer Meinung. Erstens haben wir einen Überfluß an künstlerisch belanglosen und völlig mechanisierten Dingen in der Welt und – wenigstens in unserm Norden – einen fühlbaren Mangel an ästhetisch erfreulichen Dingen, und vor allem an solchen, die hier gewachsen sind. Und jedes – auch das bescheidenste Stück –, das wir davon der Notwendigkeit zu opfern vorgeben, ist ein unwiederbringlicher Verlust; denn es ist unersetzlich. Wer Sammler ist, weiß es, warum er sich ärgert und fast weint, wenn ihm ein ungeschicktes Mädchen beim Staubwischen ein altes Glas oder sonst etwas Hübsches zerschlägt, und warum er gleichgültig bleibt, wenn das gleiche Mädchen in der Küche eine Terrine hinwirft. Nicht, weil mit dem Glas ein Wert vernichtet wird – die Terrine ist sicher teurer –, sondern, weil mit dem Glas ein Stück Schönheit unwiederbringlich aus der Welt geht, das nicht wieder nachgeboren wird. Und weil so durch die Ungeschicklichkeit und Unachtsamkeit eines Dienstmädchens der Bestand der schönen Dinge um eines verringert wurde, und man sich ausrechnen kann, wann sie so selten sein werden, wie der Venusschuh[20], daß man Gesetze erlassen muß, um sie zu schützen. Niemand darf sie abpflücken oder gar mit der Wurzel ausreißen. Und was wir für eine Pflanze tun, das sollen wir nicht mal für schöne, einheitliche und augenfällige Bauwerke tun können?!

Und wozu braucht der Merkantilismus die schönen Dinge so zu zerpatschen … wie ein Junge, der einen Schmetterling fängt, ihm zuerst mit dem Daumen über den Flügel patscht. Angenommen, in einem alten Hause mit gefälliger einheitlicher Front werden Läden ausgebrochen. Das Geschäft würde nicht schlechter gehen, wenn diese Schaufenster etwas kleiner wären und sich dem Ganzen anpaßten. Aber wozu muß nun, ohne Rücksicht auf Architektur, auf die Geschoßgliederung, auf Schmuckteile quer über die ganze Fassade weg ein Riesenschild angebracht werden, Müller & Meyer, und oben auf dem Dach nochmal Müller & Meyer in Riesenblechbuchstaben usf. damit man schon von weitem sieht, nicht daß da ein schöner Bau steht, sondern daß da Müller & Meyer Badeeinrichtungen und Klosettbecken verkaufen? Es wird deswegen nicht einmal mehr oder einmal weniger gebadet, wenn die Herren Müller & Meyer weniger aufdringlich wären. Die, die den Wunsch haben, es trotzdem zu tun, würden sie auch finden, wenn nur neben der Tür ein kleines Schildchen stände, nicht größer als die Hand eines Preisboxers. Ich verpflichte mich, aus Potsdam eine ganz andere Stadt zu machen von überraschender Einheitlichkeit – auch die Innenstadt drüben, jenseits des Kanals –, wenn man mir gestattet, sämtliche Firmenschilder an den Bauten von Wert auf dem Wilhelmsplatz zu verbrennen oder einschmelzen zu lassen. Das wäre nur ein Anfang, und eine Reihe von anderen Korrekturen, das Beseitigen von Ein- und Umbauten, würde kaum viel einschneidender sein. An den Fischerhäusern in der kleinen und großen Fischerstraße ist über der Tür ein goldener Karpfen, und am Marstall sieht man irgendwo Gläser und Flaschen über einem Eingang; und da wußten die Leute ehedem ebenso gut, daß man da Fische kaufen und Bier und Wein trinken konnte, wie sie es heute wissen wenn sie es in schlecht verteilter Schrift quer über das Haus schreiben.

20 In Asien verbeitete Pflanzengattung der Orchideen.

Aber kommen Sie, nun schauen wir uns ein wenig um. Gehen wir mal hier entlang; geradeüber von diesem herrlichen Kastanienbaum, der seinen mächtigen blütenbesteckten Ast quer über die ganze Straße weg wirft … nach der anderen Seite, nach den Kolonnaden, konnte er sich nicht recht ausbreiten – da liegt der ehemalige Plögersche Gasthof. Ich glaube, Italien stand da auch irgendwie[21] Pate. Aber man erinnert sich vor dem Reiz der Details nicht daran. Sie werden nachher die „alte Post" sehen. Sie ist von Unger (ebenso wie das Haus Charlottenstraße 72) und erkennen, wie die Linien hin und her gehen, und man immer wieder versuchte, einen einmal gefundenen Bautyp umzuwandeln. Da ist „der Einsiedler". Aber ich muß Sie enttäuschen: Man behauptet, daß die Sache Schwindel ist, daß der General von Einsiedel in diesem Hause hingerichtet oder geheimnisvoll gestorben worden wäre. Außerdem gibt's in der Chronik von Potsdam (neben allerhand Spuk!) eine viel unheimlichere Geschichte von einem hohen Offizier, der einen Knecht erstochen hatte, zum Galgen verurteilt, aber begnadigt wurde, doch jedes Jahr an einem bestimmten Tage wieder zum Henker gehen mußte und einen neuen Strick sich um den Hals legen lassen mußte, den er unter der Uniform zu tragen hatte. Aber einmal ließ er es darauf ankommen und ging nicht. Und da kam des morgens der Henker zu ihm und erwürgte ihn mit dem Strick in seinem Bett. Schade, daß Edgar Allan Poe sich diese Geschichte hat entgehen lassen. Kommen Sie also weg von der Historie.

Die historischen Symbole[22],
Töricht, wer sich wichtig hält,
Immer forschet er ins Hohle
Und versäumt die weite Welt.

Gehen wir hier den Hohen Weg herunter und lassen wir uns von den Dingen selbst überraschen. Wir reden uns immer ein, daß sich Straßen kreuzen müssen, wie Linien sich schneiden in rechten Winkeln. Aber bei den Vier Fontänen in Rom und bei dem prächtigen *Quattri Canti* in Palermo sieht man, daß es auch anders geht, und daß es anders weit lustiger ist, indem man nämlich die Ecken ausrundet und einen kleinen Platz schafft. Und das hier nennt man die acht Ecken, und es ist von Unger um 1770 angelegt. Eigentlich ist es doch beschämlich klein,

21 Als Vorbild des 1754 von Carl Ludwig Hildebrandt errichteten Hauses diente der von Palladio in Kollosalordnung entworfene Palazzo Valmarana in Vincenza. Das Haus war nach 1945 Ruine und wurde 1958 zugunsten eines ungehinderten Übergangs von der Langen Brücke in die Friedrich-Ebert-Straße (ehem. Nauener Straße) abgerissen. Die acht Dach-Skulpturen wurden an der Hauptallee vom Park Sanssouci in Höhe der Orangerie aufgestellt.

22 Frei und von daher nicht mehr ganz sinngemäß nach Goethes „Zahmen Xenien".

wäre ein Garnichts, wenn es nur eine Straßenkreuzung wäre. So aber hat es mit einmal Raum bekommen, ist zu einem richtigen, nach allen Seiten geschlossenen Platz und einem Ruhepunkt avanciert. Man bleibt unwillkürlich stehen und schaut sich um, blickt rechts und links, vor und hinter sich die Straßen herunter. Und in dem Augenblick wird es uns klar, welchem Zweck dieses improvisierte Plätzchen dienen soll ... eben nur diesem, daß wir nach allen Seiten uns umschauen. Überall ist das Bild geschlossen, wird der Blick auf ein bedeutendes Bauwerk in der Axe oder in halber Schräge gelenkt. Alles ist auf Prospekt komponiert. Zurückblickend geht's auf den von Knobelsdorff umgebauten Marstall mit seinen reichen plastischen Bekrönungen (also auf die alte Orangerie). Selten ist so viel Wildheit von sich bäumenden und scheuenden Pferden zusammengekommen, wie sich da oben auf den Giebeln austobt. Dieser Bildhauer Glume (ich weiß sonst nichts von ihm) ist ein echtes Barocktemperament, das die Rahmen sprengt. Man betrachte nur die Rossebändiger auf dem Risalit des Stalles genauer, und die Mittelgruppe, in der jeder Gaul nach einer anderen Richtung ausschlägt. Am Kopfbau verbeißen sich sogar zwei Pferde (hinsinkend) ineinander, wie auf den Cimbernschlachten eines Rubens. Alles scheint unplastisch und ist doch plastisch – weil gekonnt. Und dazu diese famosen Barockviecher von Pferden mit den blödsinnig-schweren Leibern, den zu kleinen Köpfen und den wild flatternden Mähnen und den langen, buschigen Schweifen, auf denen sie mir zu stehen scheinen, wenn sie aufbäumen, und den viel zu niedrigen Beinen, von denen man nie glauben würde, daß sie Körper von solcher Schwere je tragen könnten. Welche Wildheit und welch märchenhafter Naturalismus bei aller Stilisierung! Äußerste Wildheit und letzte in sich ruhende Gebundenheit einen sich. Der Bau darunter ist ganz ernst, ganz ruhig, ganz feierlich (eben wohl noch Nehring, Zeit des Großen Kurfürsten). Und oben tobt die wilde Jagd auf dem Dach. Wahrlich, wir werden nicht im Zweifel gelassen, was der Bau birgt und wie es in ihm zugeht. Das ist überaus kühn und glücklich gelöst. So wie in Salzburg.

Ja, wenn wir uns nach links wenden, haben wir den „Kutschenstall" als Schluß des Bildes jenseits des Neuen Marktes. Er ist spät, aus der Schlußzeit von Friedrichs Regierung. Oder er ist erst nach seinem Tode vollendet worden von einem Architekten Krüger. Er ist schon fast ganz klassizistisch, und es geht oben über dem Tor viel manierlicher zu. Wenn auch zwei Pferde der Quadriga, die der Soldat im Dreispitz lenkt, hochgehen, es sind doch schon militärfromme Gäule, die aufs Signal hören. Und als Zeichen, daß jetzt hier Preußentum und Gamaschendienst herrscht, stehen rechts und links die bezopften Soldaten, putzen das Lederzeug und klopfen die Schabracken aus. Gehen wir über den Neuen Markt. Er liegt abseits, ist so still und verlassen. Da machen Gläser und Bouteillen in Stuck über einer Tür darauf aufmerksam, daß es hier einmal etwas zu trinken gab. Diese große Palastfassade dort ist „Auf Befehl des Königs" nach Palladio aus Vicenza gestohlen. Da ist ein Treppchen mit einem schönen Gitter (von Unger 1773). Und wenn das Tor vom „Kutschenstall" offen ist, sieht man dahinter in das breite Laubgrün eines wundervollen alten Baumes, der den Hof beschattet. „Mit Freunden ist nichts los in diesem Leben", sagt ein englischer Schriftsteller. „Meinen Sie, einer meiner Freunde weiß, daß ich Bäume eigentlich mehr liebe als Blumen?!" Gewiß, es gibt in Potsdam Prunkvolleres und Glücklicheres, als diesen Neuen Markt, der eigentlich in seiner Anlage halb stehen blieb, einschlief, bevor er aufwachte. Aber nur an ganz wenigen Ecken in Potsdam ist die Zeit so gefroren geblieben. Drüben, jenseits des Kanals, gibt es noch ein kleines Sträßchen, am Militärwaisenhaus, mit armseligen, aber ganz phantastischen Fassaden von etwas wilder Ornamentik und, wenn ich mich nicht täusche, auch mit Chinesenmasken an den Fassaden; ein Haus graugrün, eins rötlich, eins ocker usf., leicht vermorscht alles und schlecht gepudert, wie eine alte Hofdame, wenn der Ball zu Ende ist … „Der Sporn" heißt das Gäßchen, oder die Spornstraße. Wenn man da am späten Nachmittag hineingeht und einen Augenblick anhält, braucht man nicht mehr die Augen zuzumachen, um im Jahre 1770 zu sein.

Aber gehen wir wieder zurück, am Marstall vorbei zum Eingang der Breiten Straße vor, damit wir uns mal diese guten und ganz schlichten Häuser von Knobelsdorff etwas von der Nähe ansehen können. Wie hübsch der Rückblick auf das Schloß von hier ist, durch diese ganz simplen und doch lanzenstarrenden preußisch-puritanischen Eisengitter mit seinen aufgesetzten Laternen auf den Eckpfosten. Alles nur Linie. Es ist vielleicht schon Eisenguß, wird also später sein. Es schließt vollkommen ab, kann nicht übersehen werden und ist doch ebenso vollkommen blickdurchlässig.

Und von hier aus verstehen Sie den Sinn der Knobelsdorff'schen Kolonnaden weit drüben, die uns den Einblick und Durchblick in den Lustgarten und weiter durch die Breite Straße quer durch das ganze damalige Potsdam vorhin gestatteten. Denn auch sie, diese Kolonnaden, sind nämlich von hier aus kein Abschluß, sondern nur ein monumentaleres, durchlässigeres Gitter, das uns den Blick in die Weite läßt und auf die Anhöhen und den Brauhausberg jenseits der Havel. Kein größerer Unterschied, wie zwischen diesem überreichen und diesem ganz und gar espritvollen Kinde der Phantasie eines malenden Rokokoarchitekten – wie es die Knobelsdorff'schen Kolonnaden darstellen –

und diesem gußeisernen Abschlußgitter auf der anderen Seite. Ist Preußen um 1800, wie wir es in den Empireräumen des Stadtschlosses sehen können, schon kühl und ernst geworden, nachdenklich, hat die französische Revolution den Absolutismus der Fürsten auch dort erschüttert, wo nur die letzten Ausläufer des Erdbebens hinkamen, so haben die napoleonischen Kriege aus Preußen ein ernstes, karges und fast völlig verarmtes Land gemacht, starr, hart, unfroh, selbstbewußt. Es heißt: Aufbau; es heißt: Macht wieder erringen … ganz gleich wie. Der friderizianische Kulturtraum ist ausgeträumt ein für allemal. Zu Schmiedeeisen, wie an der schönen Nahlschen Fahnentreppe da am Schloß, reicht es nicht mehr. Kein Reichtum, nur noch eine ganz karge Ornamentierung … Und doch liegt ein Stolz, eine Wehrhaftigkeit und eine Abgeschlossenheit darüber, ein Aufsichselbstzurückgezogensein, das uns Achtung abtrotzt. Die Kolonnaden sagen: die Stadt gehört dem König; er hat Geist und er liebt die Kunst. Das Eisengitter drüben sagt: diese Stadt gehört dem preußischen Heer. Hier wird gedient. Ganz klar und eindeutig: für Kunst ist nicht mehr viel Platz hier.

Aber Sie meinen, daß das Gitter vielleicht gar nicht Empirezeit wäre, sondern doch früher. Ähnliche Lanzen mit geflammten Spitzen gibt es am Torflügel des Militärwaisenhauses von 1770, und an der Einfriedung von Sanssouci. Aber ich glaube doch, daß diese hier später sind. Und selbst, wenn nicht. Wenn Sie recht und ich unrecht haben sollten: Diese beiden Abschlüsse des Lustgartens sind so wundervoll bezeichnend für die beiden Potsdams. Das eine, das das „Weimar“ Preußens werden wollte. Und das andere, das sich dabei begnügte, das eiserne Herz Preußens zu sein, und jeden Kulturgedanken wie absichtlich von sich schob. *Oderint dum metuant*[23].

Sehen Sie einmal die Breite Straße hier herunter. Wirklich, breit und imponierend, Platz für Kaleschen, die herunterfahren nach Sanssouci, für Regimenter, die nach dem Lustgarten ziehen. Wie ein Block springt der Turm der Garnisonkirche in die Straßenfront vor da hinten, streckt sich, wie ein muskulöser Arm, zum Himmel. An Kirchen hat Potsdam eigentlich nur zwei, die Charakter haben. Beide so aus den Jahren um 1730. Hier die Garnisonkirche von Gerlach; und weit drüben die Heiliggeistkirche von Grahl. Von beiden hat man eigentlich nur die Erinnerung, wenn man an sie denkt, sie wären Türme, Körper, ohne Schiff. Aber diese Türme sind markig und wuchtig und schwer. Und bei beiden hat man das Gefühl, daß sie eigentlich mit ihren Absätzen sich irgendwie in die Luft empor schrauben. Und in Wahrheit sind sie aus gewaltigen und, wie Kinder bauen, sich leicht verkleinernden,

23 Die Urheberschaft dieses Sprichwortes („Mögen sie mich hassen, wenn sie mich nur fürchten.“) wird dem römischen Tragödiendichter Lucius Accius (ca.170 v.Chr. - ca.90 v.Chr.) zugeschrieben.

stark profilierten Klötzen übereinandergelegt, bis sie. oben die Laterne und das Käppchen, die Kuppel, den Helm tragen können. Aber auch der Soldatenkönig sagte: erst der Staat, erst das Heer und dann die Kirche. Auf dem Kreuz sitzt der Adler, sieht zum verschlungenen Monogramm des Königs auf dem anderen Balken herüber; und über allem strahlt golden der Gardestern. Aus der offenen Laterne aber, unter dem Helm singt das holländische Glockenspiel: „Ueb immer Treu und Redlichkeit“ und „Lobet den Herrn“. Manche finden es melancholisch und trübselig, das ewig gleiche Geklimper; und manche anheimelnd. Aber, wo auch, in Briefen oder Büchern der Biedermeierzeit Potsdams Erwähnung getan wird, da nimmt man dazu Stellung, sieht in ihm eine Betonung der Potsdamer Stimmung, die man liebt. Oder man empfindet es als ein Symbol für Potsdams Verlassenheit, die man, als Kind einer neuen Zeit, eben strikte ablehnt. Ich persönlich mag das Geklimper, dessen Melodie man mehr ahnt, als erkennt, und das so oft in kleinen holländischen Städten durch das Marktgewirr sich Bahn bricht, gern. Denn es ist nett, wenn einen auch nur der Hauch einer Melodie dann vom Himmel hoch anfällt, wenn man es gerade nicht erwartet. Aber gewiß, ich stimme Ihnen zu: warum soll hier nicht der Gardestern über der Kirche schweben? Es war ja eine „Garnisonkirche“ und für die „6.592 Seelen evangelischer Christen des Militärstandes“ bestimmt. Aber … wie heißt es doch bei Beranger?!

„Der betet mich als Gott der Schlachten an,
Und würgt drauf los mit Säbeln und Pistolen,
Schritt ich 'nem Regimente je voran,
So soll zur Stunde mich der Teufel holen“.

Die Dekorationen des Turmportals sind nebenbei sehr schön großzügig, echtes barockes Empfinden; – wenn es auch seltsam anmutet, daß rechts und links vom Eingang zum Gotteshaus breite Degen und Reiterpistolen und Trommeln und Pfeifen gleich bündelweise aus den Helmen herabfallen.

Schade, daß Friedrich außer dem kleinen Rondel der französischen Kirche, die eine Eloge an seine Emigranten war, die seinen Potsdamern Seidenbau und andere schöne Künste lehren sollten, keine Kirche in Potsdam gebaut hat, außer dem Vorbau der Nikolaikirche, der wieder verschwunden ist. Zwar liebte der evangelische Norden nüchterne und schmucklose Glaubensstätten, und lehnte gewiß die bunten und goldstrahlenden Tanzsäle Gottes, wie sie z.B. München und Würzburg und Tirol kennt, gewiß als heidnisch und verführerisch mit Emphase ab. Aber solch ein hübsches und lustiges und helles Rokokokirchlein, das von Gold innen nur so flirrt, und von ganzen Engelschwärmen in allen Jahrgängen zwischen zwei und fünfzehn, nur so überflattert ist, wie ein Kleefeld von Schmetterlingen, in dem Nahl und die anderen sich ganz nach Belieben hätten ausleben können, solch ein Denkmal eines sympathischen Atheismus, das fehlt in Potsdam. Es wäre eine hübsche Ergänzung zu Freundschaftstempeln und japanischen Häusern gewesen.

Sehen Sie nur, wie gut man den Raum neben der Garnisonkirche ausgeschnitten hat. Er wirkt ganz als geschlossener Platz, trotzdem er nach allen Seiten offen ist und Zugang hat, so wie ein Saal mit geöffneten Flügeltüren immer noch als Saal wirkt. Der Abschluß mit der offenen Säulenhalle und der gestuften Kuppel darüber und dem römischen Krieger auf seiner Spitze, ist der Kopfbau des „langen Stall". Er ist aus der allerletzten Regierungszeit Friedrichs (von Unger), schmeckt schon etwas allzu absichtlich nach Antike, aber – er ist groß gedacht.

Fällt Ihnen auf, wie hübsch eigentlich hier die Bäume in der Breiten Straße mit der Architektur zusammengehn? Und noch glücklicher am Kanal und nach der entzückenden Brücke von Manger zu?! Das ist von Holland. In der älteren deutschen Stadt spielt der Baum im Stadtbild keine Rolle. Und in Italien erst recht nicht. Gewiß waren diese Bäume noch nicht so, wie diese Bauten noch jung waren. Sie sind heute alt und riesig geworden. Gehen manchmal bis über die Dachfirsten hoch, lassen von hier aus nur den Fries mit den Büffelschädeln unter dem Dachrand der Gewehrfabrik – ein vielbewundertes Haus! – hinüberschimmern und die schönen bewegten Giebelfiguren. Gefallen Sie Ihnen? Ja! Dann hat also bis heute die Grabschrift über den Gebeinen ihres Schöpfers Johann Peter Benkert draußen auf dem Friedhof an der Saarmunder Chaussee recht behalten, die da schließt:

> Obwohl der Körper tot, doch leben seine Werke.
> Und der, so diese sieht, ehrt seines Geistes Stärke.

Aber wie gut gehen doch diese Baumreihen hier – ob belaubt, oder kahl – mit der Architektur zusammen, gehören unlösbar zum Stadtbild. Das eigentliche holländische Viertel ist nicht da drüben, ist weniger da weit drüben, wo man ganze Straßenzüge nach holländischer Art gebaut hat, in Giebelhäuser in roten Ziegeln und weiß gefugt, nur mit zarten Rosengehängen unter den Fenstern (einfach den Stuck auf den Ziegelstein gesetzt) als einzigen Schmuck, und die etwas prunkvolleren daneben, dann mit großen hellen Roccaillen[24], mit riesigen Muscheln

24 Das französische Wort *rocaille* bedeutet sowohl „Geröll" als auch „Muschelwerk". *Rocailles* tauchten im 16. Jahrhundert als Grotten in Schlossanlagen auf und entwickelten sich zu universellen Dekorelementen. Das Rokoko wird im Französischen auch *style rocaille* genannt.

in der Giebelfront. Diese Häuser sollten schon zu Zeiten des Großen Kurfürsten seiner holländischen Gemahlin ein Stück Heimat vortäuschen. Sie sind auch alle „Soldatenhäuser"; denn nur die verheirateten wohnten in den Kasernen unter dem Soldatenkönig; und die unverheirateten immer zu dreien und vieren waren bei den Bürgern in eben diesen Giebelzimmern da oben untergebracht. Deswegen also all diese ausgebauten und schlecht oft ausgebauten Mansarden, in der Charlottenstraße, der Jägerstraße, der Schockstraße und all den kleinen Nebenstraßen um das „holländische Viertel". Nein, ich finde das sogenannte holländische Viertel ist weit weniger typisch und an Holland gemahnend, als gerade diese Stadtgegend hier, die unwillkürlich, ohne daß geradezu eine Ähnlichkeit wäre, an Utrecht oder Leiden erinnert. Vielleicht ist es nur die Verbindung von Architektur, Wasser und Bäumen, das Zusammenspiel und die Untrennbarkeit von all diesen drei.

Augen auf – hier kommt viel Gutes zusammen, da blickt schon die Kuppel vom Militärwaisenhaus herüber, und da, dieser schöne Komplex jenseits des Kanals mit den beiden erhöhten figurenbekrönten Eckbauten und dem niederen Mittelglied, sind die Hiller-Brand'schen Häuser. Ich erinnere mich ihrer noch von meiner Jugend her, und ich habe sie immer ganz scheu betrachtet, weil sie mir einen Begriff von Vornehmheit gaben, der einem Berliner fremd und ganz leicht unbehaglich war. Da drüben war noch ein Bau, der etwas Festungsähnliches hat, ein kleines Tor, oben Säulen und die Untergeschosse wie in sechs Bastionen aus Quadern aufgetürmt. Es ist nach dem Haus Bramantes in Rom. Aber lassen wir das: Von Häusern wollen wir vorerst gar nicht sprechen: denn hier die Breite Brücke mit den Laternenträgern von Gebrüder Ränz, sechs Gruppen von je zwei athletischen Kerlen – ich denke, es sollen Krieger sein – das ist schon eines der *Bijous* von Potsdam. Ich will gar nicht von Einzelheiten reden, wie die Brücke hier sich über das Wasser schwingt mit einem eleganten Satz, der etwas höher und weiter ist, als unbedingt nötig wäre, um den Sprung mächtiger erscheinen zu lassen, als er eigentlich ist. Ich will auch nicht davon sprechen, wie sich hier der Kanal der Wirkung willen künstlich ein wenig verbreitern muß; und wie überraschend einfaches Eisengitter in hübschen Mustern sich zwischen den überbewegten Gruppen der Laternenträger hinzieht in beabsichtigter Gegensätzlichkeit.

Warum hängt man nebenbei in die alten Laternenringe aus Eisen keine Glasballons wieder herein – wie sie sicher noch vor Zeiten der Gasbeleuchtung da hingen? Kommen Sie einmal hier herum und lassen Sie die Brücke mit ihren ganzen *Environs* auf sich wirken. Kennen Sie die Stelle nicht? „Sie waren indessen", heißt es in Heinrich Schön jr.[25], „langsam einen Fuß vor den anderen setzend, ohne daß sie es selbst merkten, ein Stückchen am Kanal entlang gewandert, der da unten zwischen breiten Steinwangen und roten, zerfressenen Ziegelmauern schwärzlich und reglos dahinzog, und den farbigen Himmel, die hohen Bäume und die Figuren und Stuckschädel der Gewehrfabrik drüben im umgekehrten Spiegelbild ganz tief unten, wie auf dem Grund einer Basaltschale, zeigte. Und nun standen sie etwas unschlüssig an der breiten Brücke vor den schönen begrünten Steingruppen mit den großen Glaskugeln der Laternen, in denen jetzt rotgelb, ohne zu strahlen, die ersten schon entzündeten Lichtfünkchen schwammen. Über dem Dach der Gewehrfabrik ragte der schwere Turm der alten Garnisonkirche, mit seinen wuchtigen Baugliedern, mit seinem reichen Zierwerk von Schildern, Helmen, Panzern und Standarten, frei und stolz in die Luft empor: grün und grau und rot im Abendlicht; und der Ordensstern da oben auf seiner Spitze, der breite, goldene Stern über dem Adler leuchtete ganz magisch und unwirklich in seiner einsamen Höhe."

Sehen Sie, das ist diese Stelle; und ich hätte hinzufügen können: Und auch dieser Turm nebst Schildern, Helmen, Panzern und Standarten, goldenem Adler und Ordensstern darüber, fand sein langgestrecktes, zitterndes, immer wieder sich lösendes und immer wieder sich zusammenfügendes Ebenbild, wie auf dem Grunde einer Basaltschale, in dem leise ziehenden, schwarzen Wasser des Kanals.

Jenseits des Stadtkanals („Stadterweiterungen")

Nun sind wir dem Neustädter Tor ein gut Stück näher gekommen. Kennen Sie eigentlich die Tore von Potsdam? Das Berliner Tor, von Boumann, das Brandenburger Tor von Unger (eine Seite ist von Friedrich selbst entworfen) habe ich nie recht geliebt. Es sind Nachbildungen römischer Triumphbögen, und die sind doch eigentlich nur erträglich, weil sie Patina bekommen haben. Am Titusbogen und am Constantinsbogen ist die Farbe, diese langen verwaschenen Streifen über dem rostigen und grauen Stein das Schönste. Sicher waren sie einmal unerträglich, wie sie noch jung und unblessiert waren. Aber dann ist noch das Jägertor und das Kellertor an der Havel, das vor allem deswegen dort hingebaut wurde, weil die armen langen Kerle von dem Soldatenkönig immer bei Nacht und Nebel gerade da über die Havel geschwommen

25 Siehe Fußnote 8.

waren, um zu desertieren. Kellertor und Jägertor sind bescheiden und lustig zugleich, kleine Residenz. Weder sind es eigentlich Wachttore, noch sollen sie der Verteidigung dienen, sondern es sind Ziertore – wie an dem Tor von einer kleinen süddeutschen Stadt, das aus der gleichen Zeit stammt, steht, daß es der *Pater patriae* gebaut habe, nicht als Wehr und Schutz der Stadt, sondern ihr zur Zierde (und das sogar auf lateinisch!). Aber der Romantiker Friedrich Wilhelm IV. mußte aus dem Nauener Tor[26] einen roten, mittelalterlichen, breiten, betürmten Backsteinbau machen, um auch hier ein Stück Rittertum sich vorzuspielen. Am Nettesten von allen aber bleibt mir immer das Neustädter Tor hier; der Abschluß mit den Obelisken von Knobelsdorff dahinten, ganz lustig und spielerisch; Adler, die sich im Wind die Flügel verrenken auf goldenen Butterkugeln über der Spitze der Obelisken, Adler, die ganz und gar Rokoko und so gar nicht königlich sind. Nebenbei hat er geschmackvoll, wie stets, die Obelisken in spitzem Winkel auf die Mauer gesetzt, so daß sie dem Entgegenkommenden möglichst viel Fläche zukehren.

Der Meister des Brandenburger Tors – das in Berlin meine ich! – das wahrlich eine Sache von erschreckender Monumentalität ist (wie das nach Bildern zu urteilen auch Arbeiten des russischen Empire sein müssen, sonst kenne ich aus der Zeit keine von solcher wilden und zugleich finsteren Wucht, vorgeahnter Wolkenkratzerstil!) hat in Potsdam kein Tor geschaffen. Langhans hat da nur – unter dem Nachfolger Friedrich des Großen – am Kanal, am anderen Ende von hier aus, das Schauspielhaus gebaut, berühmt durch die lapidaren Widmungsworte, die es, gleichsam auf seinem Stirnband geschrieben trägt: „Dem Vergnügen der Einwohner“. Langhans hat mit einer eisernen Feder gezeichnet, und das ist auch wieder solch finsterer Pylonenbau, der mit seinen Seitenabschlüssen, einer schweren Mauer mit schweren Vasen in eins gedacht ist, gleichsam aus ihr herauswächst, und unten drei niedere, tief ausgeschnittene Tore hat, wie Mauselöcher, in die man hineinkriechen soll. Aber über den Giebel tanzt ein ganzer Zug griechischer Gestalten. Mit Satyren und Amouretten untermischt, benutzen Apoll und Musen und Grazien die Darbringung eines Opfers dazu, sich schwungvoll und in kühler Anmut reliefhaft zu bewegen. Aber selbst die Übergröße, die Meister Schadow ihnen gab, bringt uns nicht darüber fort, daß dieser Olymp doch für den Beschauer etwas allzuhoch über dem Erdboden liegt, und man für das ganze Theater, das mehr erschreckt, als erhebt, keinen rechten Standpunkt findet. Die Bewußtheit, mit der in der Zeit Friedrichs jedes wichtige Bauwerk in der Stadt an seine richtige Stelle gesetzt wurde, war schon seinem Nachfolger

26 Die Gotisierung des Nauener Tores geht auf Friedrich II. zurück.

verloren gegangen. Immerhin unter den wenigen reinen und schönen Empirebauten in der Stadt – ein Haus in der Burgstraße (34), eines in der Friedrichstraße, hinter dem Theater (17), eins in der Berliner Straße, zurücktretend und doch breit und ganz den Platz vor dem Berliner Tor beherrschend (3a), und das in der Behlertstraße 31 mit dem prächtigen Saal – ist das Langhans'sche Theater schon, so sympathisch auch die anderen sein mögen, der bedeutendste und stärkste.

Das Rokokotheater ist noch ganz Mozart. Hier aber will man Griechenland aufleben lassen (Sophokles und Aristophanes blicken als Schutzheilige auf uns herunter von der Front). Hier will und soll man Schicksalsdramen spielen, Iphigenie und die Braut von Messina, will zu den Klassikern, zu Goethe und Schiller, gleichwertig den Griechen, das Volk erziehen. Aber der dicke Genießer kannte seine Potsdamer besser, als er an die finstere Stirn die heiteren Worte schreiben ließ: „Dem Vergnügen der Einwohner“. Denn er wußte, daß man doch nur Iffland und Kotzebue spielen würde, wenn man die Bude voll haben wolle.

Wollen wir schon nach Sanssouci herübergehn? Hier ist eigentlich der kürzeste[27] Weg. Hier stieß die Anlage Friedrich des Großen auf die alte breite Allee, die sein Vater schon vorher geschaffen hatte. Aber wir haben ja eigentlich noch nichts von der Stadt gesehen. Sie glauben garnicht wieviel und wieviel Gutes es in Potsdam zu sehen gibt. Lichtwark sagt schon: „ich höre immer, daß unsere Kunstgelehrten überall hinreisen, aber ich habe noch nie von jemand gehört, daß er sich mal acht Tage nach Potsdam gesetzt hätte.“ Und da wollen wir hier nicht mal ein paar Stunden bleiben?! Erinnern Sie sich, wie wir vorhin von der Breiten Brücke den Kanal herunterblickten? Diese wundervollen Baumreihen, rechts und links, die sich oben mit ihren Wipfeln, nach dem Wasserspiegel hin, zusammenneigten. Kastanie, Linde, Rüster und Platane, mit ihrer wie von Aussatz zerfressenen Rinde. Und wie die Bauten durch das Grün fleckig hindurchhuschten, und plötzlich von den Dächern so ein paar Figuren oben über den Wipfeln in der Luft schwebten. Nehmen Sie hier aus der Breiten Straße – in dem kleinen Teil zum Tor da – die Vorgärten fort. Denken Sie sich den alten Baum, der das Tor überragt, gefällt, und all das, die ganze Architektur, wird plötzlich beziehungslos werden. Denn das Treppchen dadrüben in dem Bau von Unger (10-11[28]), das uns gleichsam einladet, daß wir hinaufgehen, das uns nicht nur mit den immer schmäler werdenden Stufen, sondern auch mit den nach der Straße hin sich erweiterten Kreisbogen seiner Rokokogeländer – Unger liebt eiserne Gitter, verwendet sie mehr

27 Vielleicht hat der Autor die Verbindung längs der alten Stadtmauer (Charlottenstraße) im Auge, die im Rahmen der Ersten Stadterweiterung 1713-1724 entstand.

28 Das Ständehaus, auf das sich Hermann offenbar bezieht, hat heute die Nummern 11-13.

als seine andern Potsdamer Kollegen bei seinen Bauten – daß uns auffordert, doch ja nicht vorbei zu gehen, sondern ganz ungeniert heraufzukommen ... dieses Treppchen wäre so wenig vollkommen, ohne die geschnittenen Buchsbaumhecken und Büsche rechts und links, wie – wie, nun sagen wir, wie das Haus da ganz unten am Kanal (4a), wo ich meinen Heinrich Schön[29] spielen ließ, ohne die bei den Linden neben dem Aufgang, über der Bank und über dem Rokokogitter.

Ob es denn da drinnen wirklich so aussieht, aussah je, wollen Sie wissen? Ich kann es nicht sagen. Ich habe das Haus nie betreten. Es gefiel mir nur, als ich daran vorüberging, und da habe ich meine Puppen darin spielen und leiden lassen. Und die schönen Innenräume, das blaue Zimmer unten, und der Saal im ersten Stock, wo die offizielle Verlobungsfête für Hannchen von Mühlensiefen gegeben wird?! Wenn Sie Potsdam damals schon gekannt hätten, so hätten Sie leicht bemerken können, daß der eine drüben aus dem Stadtschloß geliehen war (irre ich nicht, spricht man auch davon, daß es da einen ähnlichen Raum gibt) und daß die Tapeten des andern, selbst die grosse Ente mit dem dicken Schnabel, vor der sich Heinrich, als Kind, immer so gefürchtet hatte, aus dem Schlößchen Paretz stammte. Und für den schönen Garten wäre gar kein Platz hinterm Haus gewesen, denn da war damals noch das von Knobelsdorff erbaute Lazarett; aus dem später ein Kasino gemacht wurde. Ganz recht, warum sollen kranke Soldaten eigentlich auch in Knobelsdorff'schen Sälen sterben?

So, nun schauen Sie einmal hier die Straße am Waisenhaus herunter – sie heißt zwar Lindenstraße, aber dieser Teil wenigstens ist ganz mit Rotdorn bepflanzt, der köstlich alt und knorrig geworden ist. Größer und höher, als er sonst bei uns wird. Sie blühn nicht alle gleich rot. Welche sind wie Blut, andere lichter, wie Nelken. Und sie sind jetzt, ein, zwei Wochen lang, eine Köstlichkeit, zu der in Japan man wallfahrten würde, wie zur Kirschblüte. Kennen Sie die Geschichte von dem Japaner, der in Paris lebte? Es war Schnee, erster Schnee gefallen, solcher, der ganz weich auf allem liegen bleibt, jedes Ästchen in Krystall und Silber nacharbeitet. So etwas dauert nur ein paar Stunden, dann taut's weg, oder der Wind weht es herunter. Und der Japaner sagte sich, da werde ich ins *Bois* gehn: vielleicht bekommt man davon noch etwas zu sehen. Aber es wird natürlich sehr voll sein, denn ganz Paris wird ins *Bois* strömen. Und der Japaner ging ins *Bois* und erfreute sich an den beschneiten Bäumen und Büschen, aber er traf keine Seele wegauf, wegab. Endlich kam ganz hinten ein kleines Männchen an, das immerfort stehen blieb und ganz entzückt um sich starrte. Und wie er näher kam, war's auch ein Japaner.

29 Siehe Fußnote 8.

Rotdorn hat also das für sich, daß, wenn er blüht, er ganz Blüte ist. Jeder Zweig, der ganze Baum. Das Grün verschwindet fast völlig. Er ist eine angeglühte Wolke nach Sonnenuntergang, die auf die Erde gefallen ist, und sich auf einen Stamm gesetzt hat. Man wundert sich, weshalb sie sich nicht auflöst. Und solche Reihe von blühenden Abendwolken stuft sich hier die helle weite Front des Waisenhauses entlang.

Nichts war früher so komisch und traurig zugleich; wie diese kleinen Burschen, diese Miniaturunteroffiziere, eingeklemmt in Uniformen, die ganz Kind und ganz Militär schon waren, und je kleiner und winziger, desto wichtiger ihre breiten Schuhe klirrend auf holpriges Pflaster setzten. Exerzieren sie da immer noch?!

Die Fassade von Gontard ist prächtig. Vor allem der Mittelbau, der als letzte Bekrönung seine Kuppel in den Himmel hebt, die von acht hohen Säulen frei schwebend getragen wird, hoch, kühn und luftig zugleich, ehe da oben noch die goldige Göttin (für Potsdam müßte man fester in griechischer Mythologie sein, als man es ist) weithin winkend ihren Arm mit einem Lorbeer- oder Palmenzweig in die helle Luft hebt. Jene vollbusigen Damen oben, die sich so bequem im Dreieck gelagert haben, verkünden durch Füllhorn und Bücher und Leier, daß man hier dem Frieden dienen will. Es ist ja 1775. Und der König ist alt. Und die römischen Krieger auf den Gesimsen wenden mitleidig den Kopf den Putten zu, die, ihnen zu Füßen, die Ärmchen emporstrecken. Und auch sonst, auf dem Dach selbst, auf den Balustraden, die es abschließen, über Mittelfenstern, überall sind Puttengruppen, wo Schmuckteile an diesem riesigen, vierfrontigen, vierstöckigen Nutzbau überhaupt in Frage kommen. Denn das verstand ja diese Zeit noch. Sie wußte bei großen Bauten zwischen dem Zweckhaften und den Zierteilen zu trennen. Machte große, glatte Fassaden, in denen nur die Gliederung sprach, und akzentuierte die Teile, die es hervorgehoben haben wollte, ganz stark mit reichen, großzügigen Bauformen und Plastiken, so daß man nicht sagte: zum Donnerwetter, was für ein Riesenkasten! Sondern: Was für ein köstliches Portal! Was für eine stolze Kuppel!

Gewiß ist dieser Bau, vor allem der Mittelteil hier, vor dem wir stehen, das Werk eines großen Architekten, eine der stärksten und einwandfreiesten Leistungen, die in Potsdam in der Spätzeit Friedrichs geschaffen wurde. Aber man kann, wenn man sehr anspruchsvoll sein will – (und woraufhin nehmen wir uns das Recht dazu? Etwa auf unsere heutigen Leistungen?) – immerhin kann man sagen, daß er nichts Absolut neues ist, trotz seiner freischwebenden Kuppel … so etwas, das man nie sah, so etwas, das einen umwirft. Aber kommen Sie hier einmal in das Tor hinein, und Sie werden im Augenblick verstehen, warum wir vorhin noch nicht in die Gärten von Sanssouci herübergegangen sind. Hier ist diese Treppenhalle mit der Durchfahrt, die innen den ganzen Mittelbau fast einnimmt; und sie ist die kühnste Raumvorstellung, die in Potsdam zur Architektur erstarrte. Erinnern Sie sich, ich sprach Ihnen schon davon vorhin, als ich Ihnen Gontard, den Mannheimer, und wohl Franzose seiner Abstammung und seines Namens nach, – d.h. ich vermute es nur, auf einen Streit mit Rassefexen[30] lasse ich es nicht ankommen – kurz vorstellte; aber so etwas von Kühnheit hatten Sie nicht erwartet, eben, weil es kaum ersinnbar ist. Diese hohen, weißen, von Pilastern gegliederten, nach oben angeschnittenen Kuppeln, die sich über einander türmen, mit Stichkappen nach den Seiten sich öffnen, höher und höher steigen, in immer neuen und überraschenderen perspektivischen Verkürzungen von Stockwerk zu Stockwerk! Ganz weiß, ganz licht! Man hört ordentlich die Helligkeit darin summen, pointillistisch[31] flirrend. Weiß in Weiß gelöst, wie auf Bildern von Hammershøi. Und dazwischen ziehn sich nun um die Treppengänge, an den Stichkappen entlang, über den Ausschnitten der Rundungen … bis in die letzte Höhe, die schwarzen, schon empirehaften Eisengitter und niederen Geländer, die nur in ihrer Mitte mal eine reichere Erinnerung an das Linienspiel tragen, das das Rokoko auch einem so spröden Material, wie Eisen, zu geben wußte.

Jede Form ist hier von äußerster Sparsamkeit. Es gibt nur Grade und nur Rundungen, keine gebrochenen Linien. Und doch ist das Ganze mir so phantastisch, wie ein Feenschloß. Oder besser, wie ein Saal im Schloß der Schneekönigin bei Andersen, wo der kleine Kare einsam sitzt, und aus Eisstücken das Wort „Ewigkeit" zusammensetzen muß. So groß, so weiß, und sich in den Himmel übereinandertürmend, muß der auch gewesen sein.

Aber wir wollen hier nicht allzulange bleiben, sonst denkt man, wir wünschen hier militärische Geheimnisse auszuspinonieren. Ich habe mich hier schon einmal vor Jahren, im Krieg, verdächtig gemacht. Kommen Sie hier weiter durch die Spornstraße, und dann gehen wir unter den Bäumen am Kanal entlang, und dann wissen Sie gar nicht mehr, daß Sie in einer norddeutschen Stadt und 25 Kilometer von Berlin sind, so grün ist es, von Anfang bis zu Ende, die ganzen ein dreiviertel Kilometer Wegs. Plantage und Wilhelmplatz, an denen wir vorübergehen werden, waren einmal große morastige Wasserlachen, und das hat sie vor ihrem Schicksal bewahrt, einst bebaut zu werden, und sie sind bis heute schöne, grüne Plätze mit himmelhohen Bäumen geblieben. „Ich habe mir lange Mühe gegeben, ganz nutzlos zu sein,"

30 Der Duden listet den *Fex* (Substantiv, maskulin) als jemand, der von etwas sehr begeistert ist. „Spaziergang in Potsdam" erschien erstmals 1926.

31 Pointillismus bezeichnet eine Arbeitsweise in der Malerei, mit kleinen regelmäßigen Farbtupfern in reinen Farben zu gestalten.

sagte der alte Eichbaum zum Tischler Stein im Dschuang Dsi. „Und nun habe ich es so weit gebracht, daß mir das von größtem Nutzen ist. Nimm an, ich wäre vorher zu irgend etwas nutze gewesen, hätte ich dann diese Größe erreicht?!“ Und „diese Schönheit“ ... setzen die Plantage und der Wilhelmplatz hinzu, die ihre heutige Existenz nur ihrer einstigen Nutzlosigkeit verdanken.

Durch die Spornstraße müssen wir langsam gehen, hier ist das Tempo des Potsdamer Platzes unangebracht. Wie überall, wo keine Zeit mehr besteht, hat man Zeit und nimmt sich Zeit. „Herrlich, wieviel Zeit die Leute hier haben,“ das ist das erste, das wir empfinden, wenn wir in eine kleine alte Stadt kommen. „Schrecklich, wieviel Zeit die Leute hier haben,“ denken wir, wenn wir acht Tage da sind. Also wozu stürzen?! Schlendern wir mal am Kanal entlang. Da hinten, wo die Plantage zu Ende ist, knickt er. Seine Verlängerung von hier aus wäre die Waisenstraße. Er selbst aber biegt in rechtem Winkel ab, geht durch die ganze Stadt hindurch und kommt da ungefähr schrägüber von dem Bahnhof zur Havel, die ja schon, wie Bellamintes poetisch feststellt, sich im Bogen gelind um die Insel Potsdam ergießt. Dreiundvierzig Meter ist von hüben zu drüben. Da kann man schon etwas hinbauen auf beiden Seiten, stattliche, hohe Gebäude. Und deshalb hat es auch gleich drüben hinter der Plantage den mächtigen Gontardschen Bau der „Oberrechnungskammer“, dreigeschossig, mit einem säulenbetonten Mittelbau und durch Pilaster gehobene Eckbauten, und ich weiß gar nicht, wieviel Fenster breit. Wieder sind – wie das Gontard liebt – Puttengruppen und Urnen auf der Balustrade, die das niedere Dach cachieren soll. Mögen Sie Putten? So kleine nackte Bengels oder Mädelchen, höchstens ein Jahr und fünf Monat alt, schon laufend, aber noch ganz feist und babyhaft. Mögen Sie Putten, die so aus Stein oder Stuck in Gärten, auf Häuserfronten, unter Fensterbrüstungen, auf Balustraden, auf farbigen Kupferstichen und Porzellanen, pausbäckig und dumm und tappsig herumspielen? Immer nackt, daß man meint, sie könnten sich erkälten oder einen Sonnenstich bekommen? Sie spielen mit Symbolen oder treiben irgend etwas, das sie nach ihrem Alter und ihrer Körperkonstitution absolut nicht vermögen. Strengen sich scheinbar an. Erledigen es aber spielend. Mögen Sie sie? Es gibt Leute, die eine Aversion gegen sie haben, sie billig und dumm finden, zu Tode gehetzt (aber solche schematischen Putten aus Kuchenteig und Leberwürsten zusammengebacken, meine ich nicht, die hasse ich ebenso wie jene.) Sonst aber habe ich Putten sehr gern. Ich habe mich sogar dabei ertappt, daß ich sie sammele, von Boucherstechern[32]. Und vielleicht lie-

32 Gemeint sind möglicherweise Arbeiten im Stile des französischen Kupferstechers und Dekorateurs François Boucher (1703-1770), der u.a. für seine Darstellung anmutiger nackter weiblicher Körper berühmt war.

be ich Potsdam nur deshalb, weil es da so viel Putten gibt, vorn von der Fahnentreppe an und von den Reliefs des Plögerschen Gasthofs, Tausende und Tausende, überall, wenn man nur die Augen aufmacht, bis zu denen auf der Rampe vor der Bildergalerie in Sanssouci, die sich miteinander balgen, sich Schleier über den Kopf zu ziehen versuchen, und wo sogar dicke Negerbabys küssen und geküßt werden. Schon Menzel hat an der Balustrade mit den Gruppen seinen Spaß gehabt, und er läßt den alten Fritzen beschaulich an ihnen vorüberwandeln. Und auch Meister Scheurich, einer der wenigen echten Erben des Rokoko auf Erden, konnte ebensowenig hier vorüberziehen, ohne seinen Stift zu zücken. Schade, daß wir heute etwas von dieser Liebe für den Putto verloren haben, denn sie ist uralt und geht durch die ganze klassische Kunst, die sie zu Verwaltern des Lebens wie des Todes gemacht hatte.

Die reichen Römer aber liehen sich hübsche Kinder, die nackt in ihren Festsälen umherspielen mußten. Und ob nun ein Zille auf die Sandplätze geht und da Proletarierjöhren zeichnet, wie sie Gruppen bilden, oder ob ein alter Römer den gemieteten Kindern vom Ruhelager aus zuschaute ... es ist doch zum Schluß ein ganz ähnliches Kunstgefühl dabei. Sie meinen, daß die Oberrechnungskammer etwas nüchtern? ... Gewiß, genau wie das Wort „Oberrechnungskammer". Das Gebäude ist fast konform seinem Inhalt. Aber ich meine, es wäre durch einen besseren Anstrich, der die Bauteile richtig gliedert, zu retten. Endlich ist es als Zweckbau repräsentativ genug, und. doch auch nicht allzu arm und strömt schon die Suggestion von Macht und von Staat aus.

0, sehen Sie unten die Schwanenmutter, hinter der ihre graubraunen flaumigen Jungen einherpaddeln. Und da weiter unten zieht, fauchend und verärgert, der Ehemann. In meiner Kindheit war ein Schwan etwas Wunderschönes und sehr Geheimnisvolles, und sein Werdegang über das häßliche graue Entlein von Andersen her machte ihn zum Sinnbild des Dichters. Die Schwäne gehören zu Potsdam, wie die Pfauen zur Pfaueninsel, die Tauben zu Venedig, die Möwen zu Kopenhagen und Amsterdam. Schon unser Freund Bellamintes besingt sie. Auf Befehl Friedrich Wilhelms I. wurden sie zuerst geschont und gefüttert. Aber „trotzdem" – so steht in der Chronik – „man schon viele tote Schwäne gefunden hat, hat noch niemand einen sterbenden singen hören". Und das Wort gilt noch für heute als wahr und tief.

Alle früheren Potsdamer Bautypen aus der vorfriderizianischen Zeit sind hier am Kanal vereint. Das freistehende Haus mit der Einfahrt daneben, das Reihenhaus, das von zwei und drei Achsen, solche mit Freitreppen und Podesten, primitiven Beischlägen usf. Aber als

Fassadenlösungen reizt uns doch immer wieder nur das spätere Wohnhaus, und es wird eigentlich am gefälligsten erst zwischen 1770 und 1790. Gehen wir mal einen Schritt hier in die Hoditz- und Ebräerstraße hinein. Da drüben ist nebenbei eine Tafel am Haus. Dort wurde ein Prinz geboren. Aber trotz Potsdam einer aus Genieland. Er hatte gewiß schon als Junge, wie er hier auf der Straße umherspielte, einen etwas größeren Kopf als seine Genossen (im Vertraun: er war ein wenig hydrocephal). Es war Helmholtz. Wer war nebenbei Hoditz, nach dem die Straße genannt ist? Sie meinen, vielleicht einer der weniger bekannten Generäle aus dem Siebenjährigen Krieg. Wer kann die alle kennen? Nein, er war einer der belustigendsten Sonderlinge seiner Zeit, die daran noch reicher war, als das Heute. Er war ein Graf, der seine ganzen Güter, eins nach dem andern, mit Theaterspielerei und ähnlichen Unfug verbracht hat. Bei ihm mußte alles mitspielen, ganze Dörfer kostümierte er, und ließ die Burschen und Mädchen selbstgedichtete, zärtliche Schäferspiele aufführen. Er hieb dann mit dem Krückstock dazwischen, wenn die Akteure und Aktrizen ihre Rollen allzu naturalistisch auffaßten. Er gab Friedrich auf seinen schlesischen Gütern große Feste, bei denen er ihn auf umkränzter Barke auf dem See seines Parks von antikisch unkostümierten Ruderknechten umherrudern ließ, während er Laute spielend, als Apollo, Friedrich besang und die schönsten Bauernmädchen, denen er Korkschwänze hatte anbinden lassen, als Najaden den Kahn zu umschwimmen hatten. Zu den Hoffesten in Berlin kam er in einem Hausboot angefahren, da er sagte, er vertraue der Göttin Spree mehr, als den preußischen Landstraßen. Als er dann später all seinen Reichtum vertan hatte, lebte er als alter Hofmann in Potsdam und himmelte Friedrich in improvisierten Sonetten an, wenn er von ihm eines Gespräches gewürdigt wurde. Ein Verfahren, das der König, der es nicht liebte, daß man sich mit seiner Person beschäftigte – er saß ja auch keinem Maler und ließ aus seinen Räumen alles entfernen, was auch nur eine Anspielung auf ihn enthielt – äußerst wenig schätzte. Schade, daß ich nicht mehr von Hoditz[33] weiß. Ich schätze Narren auf eigene Hand.

Nr. 18 in der Hoditzstraße hat nebenbei eines der süßesten Portale, das in ganz Potsdam zu finden ist. Ein Türchen, zu dem vier Stufen hochführen von einer bestrickenden Harmonie des Schmucks, wie der Gliederung. Wenn man diese starken Graden sieht, mit der die Treppe und die Türwangen geschnitten sind, den Schlußstein, die Rundung und Kehlung des steinernen Türrahmens, der ganz deutlich „Salve“ sagt und „Kommet immer nur herein“, so ist das alles streng und anmutig zugleich, von intimen und doch großen Abmessungen. Ebenso

33 So war Albert Joseph von Hoditz (neben anderem) ein Pionier der Feuerbestattung.

das hölzerne Türchen mit seinen beiden Köpfen und seiner barocken Schwingung der Voluten. Aber oben, im Halbkreis zwischen Holztür und Schlußstein, musiziert, ganz in sich versunken, ein einsames feistes und pausbäckiges Kerlchen von Amorette in einer angedeuteten Landschaft unter dem Schatten eines Miniaturbaumes. Und aus dem Schlußstein, über die Außenwange des Portals fort, kommen Lorbeergehänge rechts und links, ziehen sich zu steinernen Knöpfen herüber, und fallen mit leichten Enden nur ein ganz geringes Stück über die sonst völlig unverzierten Flächen herab. All das ist von einer kaum zu überbietenden Reinheit und Liebenswürdigkeit, und ganz anspruchslos dabei. Beim Barock sagt man sich: „Hier wohnen Fürsten (aber was tun sie in ihren Mußestunden, wenn sie nicht diesen Beruf ausüben, sondern Menschen sein wollen?)“. Beim Rokoko sagt man sich: „Hier wohnen reiche Leute, geistreiche Leute, Kunstliebhaber“. Aber beim Louisseize sagt man: „Hier haben sich vornehme Leute zurückgezogen“.

Den Haustyp oder die Haustypen hier aus der Hoditzstraße finden Sie noch reiner und in geschlossenen fast unveränderten Reihen nachher in der Französischen Straße. Also auf nach Speyer! Sehen Sie drüben es rotgelb und weiß durch die Bäume schimmern? Es ist der Farbenakkord Hollands. Es ist die Stimmung: Gracht. Aber es ist doch nicht das schmalbrüstige, hochgeschossene Grachtenhaus, das einem von weitem entgegenkommt, wie der Bug eines Indienfahrers; man denkt nicht dabei an Handel, an Kaffee, Tabakskontore und Übersee; nein es ist das Stadt- und Winterhaus von Mynheer, der des Sommers draußen auf seinem Landsitz lebt. Ich sprach Ihnen schon davon; es ist das Haus, das Manger 1756, dem König, der an Holland nach einer Reise Geschmack gefunden hatte, gleichsam als Probestück für den Bau des „Neuen Palais“, hinstellte. Wir wollen noch nicht herangehen. Es ist am wirkungsvollsten, wenn Wasser und Bäume es umrahmen, auch wenn vielleicht dadurch die Monumentalität etwas leidet. Vor allem: der hellen, gekerbten Pilaster, die, eine Linie vom Sockel bis zum Dach, sich heraufziehen, durch alle drei Stockwerke hoch, breit und mächtig, das Gesims und den Giebel tragend. Das Ganze ist nur fünf Fenster breit, von diesen hohen, schmalen, langgezogenen Fenstern, die vom Boden bis zur Decke fast gehen und unten durch ein Eisengitter geschützt sind. Drei Fenster für den kaum vorspringenden Mittelbau, eines auf jeder Seite für die Seitenflügel. Alles dient also dazu, um die Höhe zu betonen. Selbst die Vasen und die Figuren – neben dem fast spitzwinklig uns erscheinenden dreieckigen antiken Giebel – müssen diese Wirkung unterstützen. Jede Form an dem Haus ist wuchtig und einheitlich, edel und fast übergroß, von einer Geschlossenheit des Willens, und ohne jede Phrase. Und doch ist das Ganze – wie zum Beispiel es oft bei Empirebauten ist – weder ernst, noch feierlich, sondern von einer vornehmen Heiterkeit, die nicht zum mindesten auch dem farbigen Gewand des Hauses zu danken ist.

Wie anders ist hier hinter uns die Ecke Nauener Straße, die alte Post. Ist man drüben heiter, aber sehr reserviert, so ist man hier durchaus liebenswürdig. Unger hat sie erbaut ... ganz am Ende der Regierungszeit, schon in den achziger Jahren.

Ich habe mir meine geheime Einteilung für diese Louisseize-Häuser gemacht, ganz äußerlich, nicht nach ihrem Charakter als Haus und Fassade und Aufteilung. Da gibt es solche, die zwei, und solche die drei Wohnhäuser zu einem Komplex unter einem Dach zusammenfassen, und nur den Mittelbau reicher gestalten, stärker betonen. Es gibt Ecklösungen, wie die alte Post eben, oder Charlottenstraße 72 (auch von Unger), die gleichsam wieder zwei Baugruppen zusammenfassen. Und wo man's anpackt, ist es interessant. Noch besser das Beispiel von den drei Fronten am Blücherplatz in der Nähe des Stadtschlosses, die im stumpfen Winkel zu einander stehen, und doch eine Fassade so bilden, oder von einem Standpunkt aus wenigstens bilden können. Alle Lösungen, nach denen wir in unsern armseligen Siedlungsbauten heute mühselig suchen, um ihre Nüchternheit und Enge irgend wie erträglich zu machen, sind hier in den Potsdamer Straßen schon vorweg genommen, und teil weise ideal gelöst.

Aber ich habe, fern von allem fachlichen, meine eigene Einteilung der Potsdamer Häuser so von 1770-1790 mir gemacht, Ich teile sie mir ein in:

Tuchhäuser
Puttenhäuser
Vasen- und Urnenhäuser
Maskenhäuser
Medaillenhäuser
Kranzhäuser
Festonhäuser[34]
Zopfhäuser
Wedgwoodhäuser

Und in die Bastardierungen dieser. Die reinrassigen sind die schönsten. Trotzdem die gekreuzten manchmal mehr überraschen. Meist – das muß gesagt werden! – sind sie durchaus bürgerlich, puppenhaft und ly-

34 Ein *Feston* ist ein in der Architektur verbreitetes Ornament in Form einer reliefartigen Girlande mit einem oder mehreren durchhängenden Bögen.

risch. Eine zwitschernde Voliere all dieser Typen ist die Französische Straße, mit ihrem hübschen Schlußpunkt der kleinen und doch groß wirkenden Rotunde der französischen Kirche.

Da drüben am Neuen Markt 6 sahen wir vorhin eines jener Medaillenhäuser von Unger. Auch oben in der Charlottenstraße gibt es sie. Einstöckig, über dem Erdgeschoß; sieben Fenster breit, die sehr hoch und schmal in die Fassade hineingeschnitten sind. Und zwischen Dach und Fenster oben sitzt in der kahlen Fläche immer je eine gut und ziemlich hoch reliefierte Medaille eines antiken Frauenkopfes. Das Ganze ist von solcher Schlichtheit, daß man nicht begreift, welche Kunst ihm seine große Liebenswürdigkeit verlieh. Oder das „Vasenhaus" da drüben (Französische Straße 21). Unten Quaderteilung. Oben glatter Verputz. Der Mittelteil mit dem einstigen Doppeltor (heute eins davon umgebaut) springt zurück. Die oberen Fenster der Außenflügel haben Lorbeergehänge über sich, und auf dem Dachrand der Außenflügel stehen klar und betont sechs ganz kräftige und schöne. Louis-seize-Urnen. Sonst ist nichts da. Ein anderes Haus – Charlottenstraße 96 / 97 – hat bei ganz glatter in Pilastern aufgeteilter Fassade, als einziges an Schmuck nur auf dem Dachfirst, als Abschluß jedes in Rustica aufgeführten Pilasters, oben je eine jener wunderschönen, starken, girlandenumwundenen geriefelten Urnen. Schätzen Sie Urnen und Vasen, als Schmuck, als Gartenplastik, als Abschlußformen, als Zierde auf Balustraden, Mauern und Dächern, als Ornament, als Bekrönungen, aus denen Girlanden lässig herabfallen, um rechts und links, wie müde an den Fensterwangen, herabzugleiten … Vasen in jeder Form, schwere, mit gedrungenen, kurzen Taillen, und solche, die wespenschlank um den Leib werden, andere, die Henkel, weit wie die Arme einer Bacchantin emporwerfen … also Hand aufs Herz: haben Sie Vasen, Urnen usf. auch so gern wie ich? Vasen drücken so viel aus: sie sind so musikalisch. Sie können ernst sein, wie verhangene Trommeln, und heiter, wie Querflöten. Sie können Geist und Witz und selbst Pikanterie haben. Und. vielleicht ist mit ein unbewußter Grund für meine Vorliebe für Potsdam und für seine Gärten da draußen auch der, weil es da so viele und so hundertfach verschiedene Formen von Vasen gibt. Man könnte aus Potsdam eine reizendes Musterbuch der Vase von 1740-1840 zusammenstellen; und man würde, es durchblätternd, erkennen, wie sich der Geschmack, der Liniensinn und das Liniengefühl, das ja den Ausdruck des Zeitempfindens in sich schließt, von Jahrzehnt zu Jahrzehnt geändert hat. Nehmen Sie nur die Vasen auf den Kolonnaden, und den Abschluß des Lustgartens von Knobelsdorff, die schönen Deckelurnen von der Estrade[35] aus der Humboldtstraße, wie die bei aller Breite

35 Bezeichnet in der Architektur den um eine oder mehrere Stufen erhöhten Teil des Fußbodens.

der Form doch immer wieder versuchen, sich rokokohaft aufzulösen, durch ungleichmäßig angesetzte Henkel, durch Tücher, durch herausfallende Rosensträuße. Nehmen Sie die anderen auf dem Lazarett, da hinten am Kanal, übergroß, eng geschnürt und ganz voll von Kraft, sich ausbauchend ... dann die langgezogen und doch gedrungen zugleich von den Häusern um 1780. Denken Sie an die von Langhans auf der Mauer am Theater, ernst und breit gezogen ... man erinnert sich an Feuerbecken und Trauermärsche. Und dann endlich die Vase draußen in Sanssouci, das Prunkstück hinter den Sphinxen, am Park-Eingang, von Wolff – dem Tierwolff – auf dem sich in Marmor, vielfigurig, irgend etwas vollzieht, das uns gleichgültig ist, und in der der Sockel, Fuß und Oberteil schon keinerlei Beziehungen mehr zu einander haben; als stammte alles aus einem Modellbuch der Berliner Porzellanmanufaktur um 1870 und wäre zweimal ergänzt worden und später falsch zusammengesetzt. Die Form ist eben schon schematisch geworden, wird nicht mehr empfunden. Und doch liegt über ihr noch so etwas, wie eine Epigonenvornehmheit, Heysestil. Wenn Sie Vasen, wie ich lieben, werden Sie in Potsdam auf Ihre Kosten kommen. Man könnte über die Potsdamer Vase einen ebenso klugen Essay schreiben, wie ihn Simmel über den Henkel schrieb, und man kann an ihr in Potsdam peripathetisch Stilkunde treiben. Und das ist schon seit Sokrates eine gute Methode.

Die alte Post ist so eins der „Puttenhäuser", und die Ecke der Charlottenstraße (81-82). Die Französische Straße 6 ist ein reizender Bankert zwischen einem Zopf- und einem Puttenhaus (in der Burgstraße gibt es einen noch gefälligeren). Nr. 13 ist ein Kranzhaus. (Man hat auch eines, ein stolzeres, in der Scharrenstraße.) Da Nr. 14 wedgwood und Medaillen. Zopfhäuser hats auch, vorbildlich gelöste, am Kietz. Scheuen Sie den Weg nicht, ein anderes mal dort hin zu gehen. Es ist solch abseitiger und stimmungsvoller Winkel, laubgrün und träumend, halb Platz, halb Straße. Aber ich kann unmöglich das ganze Verzeichnis der Straßen hier herunterbeten. Nehmen Sie sich einmal Zeit, und sehen Sie Straße für Straße – auch die jenseits der „Grünen" Brücke – Burgstraße, Grünstraße, kleine und große Fischerstraße, Scharrenstraße sich ganz gemächlich an, Haus für Haus, achten Sie auf Einzelheiten, gliedern Sie sich die Fassaden mit den Augen durch, und Sie werden hier einen Reichtum, eine Sicherheit des Geschmacks entdecken, von dem Sie vordem kaum ahnten, daß diese scheinbar nüchternen Straßen ihn Ihnen zu bieten vermöchten. Ja, es ist möglich, daß Sie sich hierbei mehr erwärmen werden, als bei den Prunkbauten, weil diese gutgelösten und bescheiden-vornehmen Häuschen von selten mehr als 7 Fenster Breite unserer Steuerstufe so gerade noch entsprechen, und jedes also ein Stück geheimer Wunscherfüllung ist.

Aber nun meine ich, ist es Zeit, daß wir nach den Parks herüberschlendern, wenn wir da noch etwas sehen wollen. Hier hinaus, zwischen Berliner Tor und Glienicker Brücke ist Potsdam Militärstadt und Vorstadt und verliert seine feinere Eigenart, hat nur noch einige Bauten, die der Betrachtung wert sind.

Der Bassinplatz hat sicher eingebüßt, seitdem er Platz wurde. Diese Gloriette da war von allen Seiten einst vom Wasser umgeben, solche Art von Theehaus, wie man es in Holland liebt, in den Teichen der großen Besitzungen, um dort angenehme Nachmittage in Kühle zu verbringen. Heute aber steht das Häuschen etwas vereinsamt und beziehungslos da mitten auf dem Platz. Man versteht nicht recht, warum es sich eigentlich hierhin zurückgezogen hat, (*retirer* sagt der Franzose, fein und beziehungsreich). Forscher versichern nebenbei, daß das Tabakskollegium hier nie genächtigt hätte, wie Ihnen doch jedes Potsdamer Kind beschwören wird.

Auch das holländische Viertel, das da von ferne über diese Art von Exerzierplatz herüberleuchtet, und ihn hier auch schon seitlich umfaßt, wirkte sicher einst lustiger, als es sich in der Wasserfläche des Bassins verdoppelte.

Aber zu bestimmten Zeiten habe ich den Platz doch gern, wenn auf ihm Weihnachtsmarkt ist, mit altmodischem Kleinstadtzauber. Dann wird er bunt und voller Stimmung.

Und auf den Wilhelmplatz, an den Kanal, müssen Sie hingehen, wenn, irre ich nicht, in Nachmittagsstunden dort Fischmarkt ist, unter den hohen Bäumen, an dem Eisengeländer von Manger. Und da die Fischfrauen in langer Reihe vor ihren Fischtischen sitzen, in denen es quulkst[36] und plätschert. Mit Wachstuchhüten auf und in so richtigen kleinen Holzsitzen, wie altmodische Kinderschlitten. Das ist nicht Zille. Das ist nicht Hosemann. Das ist Doerbeck, 1820, „Berliner Witze und Redensarten[37]“. Genau wie auf: „Na, Madamken, wat kost'n denn Iklei?“ Noch heute sitzt sicher dort eine Enkelin der Fischerin Wulkow, die einst meinem jungen Heinrich Schön[38] schweigend und liebend und ganz mütterlich zugleich das Dasein erhöhte, bevor ihn sein Schicksal auf andere und gefährlichere Wege lockte.

Hier am Bassin stehen noch ein paar schöne Fassaden, italienischer Patenschaft, aber sie sind uns im Augenblick nicht so nah mehr,

36 Es handelt sich vermutlich um eine Lautmalerei im Hinblick auf Fische, die sich aus einem Bottich heraus bemerkbar zu machen versuchen.

37 *„Berliner Redensarten, Berliner Witze und Anekdoten“* war eine humoristische Serie von Lithografien.

38 Siehe Fußnote 8.

nach den Bürgerhäusern von vorhin, weil uns die Brücke zur Gegenwart fehlt.

Noch vor 20 Jahren war die Charlottenstrasse, die nun so breit und kahl hier vor uns liegt, eine der reizvollsten Straßen von Potsdam. Jetzt, ohne Baumschmuck, erscheint sie etwas allzubreit für die meist nur zweigeschössigen Häuser. Denn Haushöhe und Straßenbreite sind nicht unabhängig voneinander. Und, wenn man die Bäume aus irgend welchen Gründen glaubt entfernen zu müssen, so zerstört man eben das ganze Straßenbild, für das die Leute von ehedem ein so außerordentlich sicheres Gefühl hatten. Ein Gefühl, das der Gegenwart in Deutschland trotz aller technischen Hochschulen fast restlos abhanden gekommen ist.

Und dann ist die Charlottenstraße dadurch, daß sie eine Geschäftsstraße wurde, mit Ladenreihen und Spiegelscheiben und Firmenschildern, die sich breit machen und überwichtig nehmen und keine falsche Scham kennen, doch sehr in ihrer Gesamtwirkung, die sie einst so köstlich machte, beeinträchtigt worden. Man kann die langen Frontreihen heute mit Perlenschnüren vergleichen, in denen manche Perlen schadhaft und krank geworden sind, und andere durch schlechte Nachahmung ersetzt wurden. Aber, wenn wir uns durch die nicht stören lassen, so sehen wir doch bald zu unserer Verwunderung, wieviel echte Perlen noch darunter sind. Von fast all meinen Häuserkategorien, und in reichstem Wechsel. Die besten Dinge sind vielleicht von Unger. Häuser, in denen Putten und Vasen und die Aufteilung der Front in Pilaster eine angenehme Rolle spielen. Ob er auch das Doppelhaus 86/87, in dem ich den Geheimrat von Mühlensiefen[39] seine karge Pension verzehren ließ, ersonnen hat? Das mit den hübschen Balkons, die von den Gruppen spielender Putten flankiert werden, feister und tapsiger Riesenbabys ? *chi lo sa*[40] – Diese Zeit liebte Balkons noch nicht. Und wenn sie sie ersann, so war es eben kaum, damit Menschen heraufgingen oder gar dort oben sitzen konnten, sondern eben rein als ein Stück der architektonischen Gliederung. Deswegen läßt man sie auch nie weit vorspringen. Sie dienen höchstens dazu, daß man eine Sekunde heraustreten kann, oder eine Ovation entgegennehmen, oder die Straße herabsehen, die man sonst durch den Spion vom Fensterplatz zu beobachten pflegt. Ist nebenbei dieser Spiegel, genannt „Spion“, schon dem Rokoko bekannt? Meine eingehenden und grundlegenden Forschun-

39 Heinrich Schön jr. (siehe Fußnote 8) ist mit Hannchen, der Tochter vom Rat Mühlensiefen verlobt, „der in den dreißiger Jahren unter dem alten König viel gegolten hatte, der aber nun mit als erster unter dem neuen König abgesägt und kaltgestellt worden war“ und – wäre er noch im Dienst gewesen – nie zugegeben hätte, „daß eine Tochter von ihm einen Kaufmann nähme“.

40 deutsch: wer weiss das schon.

gen, die ich in dem Eldorado der „Spione" in Neustrelitz einst anstellte, haben mir darüber keine Gewißheit gebracht.

Etwas bedauere ich immer an Potsdam – vielleicht beruht das auch auf einer Unkenntnis von mir – aber, frage ich mich; wie kommt es, daß in dieser Stadt, die sich sonst doch so rein erhalten hat, es fast gar keine alten Türen an den Häusern mehr gibt. Man kann kaum in eine süddeutsche, oder selbst kleine Harzstadt kommen, wo nicht straßauf, straßab die reizendsten und einwandsfreien, geschnitzten und geschweiften, gekehlten, oft reich eingelegten Türen aus dem XVIII. und dem Beginn des XIX. Jahrhunderts sind; und hier ist an den Bürgerhäusern, soweit ich es weiß, so gut wie garnichts mehr erhalten. Die Tür in der Hoditzstraße zeigte ich Ihnen, dann weiß ich noch eine in der Bäckerstraße, das übrige ist entweder neu und geschmacklos, oder alt und belanglos. Waren sie nie anders, oder sind sie in einem Jahrhundert fast so restlos verschwunden? Wenn's Eichenholz gewesen wäre, hätten sie sich doch erhalten?

Doch noch ein Wort, ich sehe, Sie werden mir ungeduldig, denn von drüben aus der grünen Baumwand, die hinten die weite Welt der Gärten und Parks uns verschließt, duftet es schon lockend zu uns herüber. Ein Wort noch: ist Ihnen eigentlich zum Bewußtsein gekommen, worin doch der letzte Reiz und die Buntheit dieses Stadtbildes besteht, das dabei wiederum so überraschend einheitlich erscheint?! Nun? – Weil sich hier vier Städte ständig durchdringen. Die Königsstadt. Die Militärstadt. Die Beamten- und Verwaltungsstadt. Und die Bürgerstadt. Und das schafft den ständigen Wechsel des Charakters der Häuser und Baulichkeiten, gibt den Reichtum an großen und kleinen Gebäuden und ermöglicht einen so viel wechselnden Reichtum der Prospekte in wenigen Straßen, und auf einem verhältnismäßig geringen Raum, eine Vielheit der Veduten, die außerordentlich ist.

Doch nun beginnt ein anderes Reich, eine private *Feerie*[41], und wie weiland Bettina von Arnim könnte ich über den Schlußteil nun die Worte setzen „Das Buch gehört dem König!"

41 Die *Féerie* (frz. „Zauberwelt") ist ein Theatergenre, das sich auf einen märchenhaften Inhalt beziehen mag, aber vorderhand historische, exotische oder fantastische Stoffe zum Vorwand nimmt, um großen Aufwand mit Bühnenbild und Kostümen sowie mit einer ausgefeilten Bühnentechnik zu treiben. Die Grenzen zum Ballett, zur Operette, zum Theatermelodram oder zur Revue nach 1900 sind fließend. Die US-amerikanische Entsprechung der *Feerie* heißt *Extravaganza*.

Des Königs Sanssouci

Wenn Sie, der Sie sich mit soviel Langmut und Geduld meiner Führung anvertrauten, nun befürchten, wir werden im gleichen Schneckenschritt weiter wandeln, und gleich ausgiebig bei Allem verweilen, so also will ich Sie von vornherein dieser Angst entheben. Ja, Sie werden mir vielleicht sogar den Vorwurf nicht ersparen, daß ich jetzt allzu dilatorisch über die Dinge hinhusche. Doch hat – das versichere ich Ihnen – das Eine so gut seinen Grund gehabt, wie das Andere ihn haben wird.

Sanssouci, all die Schlösser und Lustbauten (Lusthäuser wäre wiederum etwas anderes!), all die Gärten und Anlagen mit Teppichbeeten, Orangerien, verglasten Weinbergen, mit Teichen und Fontänen, dieses ganze glückliche und köstliche Zusammenspiel von Kunst und Natur, die auch zur Kunst geworden ist, hat man nämlich immer geschätzt und geliebt und Sie kennen es gewiß ganz gut von früher her. Selbst zu Zeiten liebte man es, da man, aus einer epigonenhaften Überhebung heraus, glaubte, die Kunst des Rokoko als zuchtlos, überladen und spielerisch, verachten zu müssen. Sanssouci als Ganzes blieb davon unberührt. Es galt stets durch seine Größe und seine Prachtentfaltung, und durch das Andenken an Friedrich den Großen, das hier zur Atmosphäre sich verdichtet hatte, als eines der Weltwunder aus den letzten Jahrhunderten. Und so kommt es, daß Sanssouci in allen Einzelheiten fast so bekannt ist, wie Potsdam selbst eigentlich unbekannt ist. Und daß die Literatur über Sanssouci so reich ist wie die über die Stadt Potsdam eigentlich bisher arm blieb. Schon von Friedrichs Zeiten an gibt es eine umfängliche Literatur über Sanssouci, die Sie gut orientieren wird. Und es ist nicht meine Absicht, diese noch zu vermehren, oder die Beschäftigung mit ihr Ihnen abzunehmen. Wenn Sie irgendetwas genauer zu wissen gelüstet, so werden Sie alles aus den sehr gut gearbeiteten Führern in amtlichen Auftrag (Deutscher Kunstverlag), zum Beispiel, sagen wir, über das „Neue Palais“ erfahren, allwo es knapp und sicher von Kunstwissenschaftlern und Konservatoren dargestellt ist. Oder, Sie können sich auch – wenn Sie sie auftreiben können! – an der reizenden Biedermeierei alter Führer ergötzen, die von ehemaligen Schloßkastellanen oder Schullehrern in tiefster *Devotion* und höchster Begeisterung einst abgefaßt wurden. Und zudem noch in jenem unnachahmlich-komischen Deutsch, das nur dann erblüht, wenn der Knote und Spießer poetisch werden will.

„Auf einem sechzig Fuß hohen Berge lagert sich das berühmte Schloß Sanssouci, bescheiden und doch anmutig hingegossen. Und die Terrassen, seufzend unter der Last uralter Orangenbäume, laden uns ein, zum Hinaufsteigen von achtundsiebenzig Stufen. Nachdem wir nun das Innere des Schlosses, vorzüglich aber das Schlafkabinett der hochseligen Majestät, durch den wohlwollenden Sinn (sic!) des zeitigen Kastellans, Herrn Holzbecher, in heiliger Ruhe in Augenschein genommen haben, betreten wir nunmehr wiederum das Freie, und ergötzen uns an dem prachtvollen Blumenschmuck, der uns überall gutgeordnet und sinnig entgegenlächelt, und dessen Reiz sich bis zu der, auf der kleinen Blumenterrasse wie hingehauchten, Veranda steigert."

Sie glauben, das hätte ich erfunden?! Nein, so etwas kann man nicht erfinden. Und dann, ach Lehmann ist tot! Lange tot! Kannten Sie Lehmann noch? Er war der Führer und Kastellan in Charlottenhof, und hatte es deshalb mit der Antike und klassischen Bildung. Er war sogar von dem Kronprinzen, dem damaligen Kaiser Friedrich, mit nach Rom zur Erhärtung seiner Kenntnisse genommen worden. Sehen Sie, ich selbst habe ja nur noch ganz dämm'rige Vorstellungen von Lehmann, aber in dem älteren Teil meiner Familie lebt sein humorvolles Andenken noch heute in aller Frische und mit vielen Details. Sein Nachfolger aber hat nichts von ihm mehr wissen wollen. Und er hat bei all seinen Erklärungen hinzugesetzt: Lehmann hat zwar immer anders jesacht, aber es is nich richtich!!

Wolkenkratzer und Rokokoschloß

Also es hieß schon ehedem stets nicht: wir fahren nach Potsdam, sondern: wir fahren nach Sanssouci. Das klang auch feiner. Man setzte sich am Bahnhof in die Tram und durchquerte die Stadt, machte erst die Augen auf, wenn die ersten Fliederbosketten[42] vor dem Brandenburger Tor sich bemühten, die Peinlichkeiten des dort deponierten Denkmals von weiland Kaiser Friedrich vergessen zu machen. Das jedoch fand ich schon immer ungerechtfertigt, und finde es heute mehr als je. Und ich will Ihnen möglichst kurz auseinandersetzen, weshalb. Sanssouci – als Komplex, diese ganze Welt für sich von Gärten, Zierbauten und Schlössern – ist eine singuläre Angelegenheit, die einmal entstehen

42 Boskett (von französisch *le bosquet*: Wäldchen, Gehölz oder Dickicht) bezeichnet denjenigen Bereich barocker Gartenanlagen, der von Hecken oder niedrigen Bäume durchzogen und begrenzt wird, die in geometrischen Formen geschnitten sind und ein ausgefeiltes Wegesystem errichten können. Die sich daraus ergebenden Areale zitieren gewissermaßen das Schlossinnere und können dabei sowohl offene Heckentheater, Irrgärten oder „Konzertsäle" beherbergen, als auch einen Rahmen für bedachte Pavillons oder kleine Lustschlösser schaffen.

konnte, aber nie wieder entstehen wird. Das „Schloß“ hat keine Zukunftsaufgaben mehr zu lösen. Und der Zierpark in dieser Form auch nicht. Man mag das bedauern, aber die großen Bauten, wie die großen gärtnerischen Anlagen, werden in der folgenden Zeit in der ganzen Welt … nicht allein in Deutschland! … anders geartet sein müssen: Volksgärten, Sportgärten, Lungen der Großstadt. Nur sehr wenig von dem Einstigen das sich so herrlich und unbekümmert hier in Sanssouci – das Wort immer als Sammelbegriff! – auskristallisierte, werden wir in die Zukunft hinübernehmen können. Nicht, weil es unschön ist. Es ist erlesen. Nicht, weil es unpraktisch ist. Es ist aus reicher Erfahrung und ausgeklügelt. Sondern einfach, weil niemand in der Welt mehr das Recht hat, und es sich zu nehmen wagt, für seine Person einen solchen Traum, eine solche Phantasmagorie von Schönheit und Auserwähltheit in die Wirklichkeit umzusetzen, als Ausdruck seines Wesens und seiner Machtvollkommenheit. Kein Morgan und Vanderbilt der alten oder neuen Welt wird es mehr tun. Alles, was jene heute sich schaffen, ist kleinbürgerlich dagegen. Und wo etwa heute oder vorgestern ein Monarch versuchte, ein Gleiches zu tun, da kam Schreckliches dabei zustande. Wo z.B. immer Wilhelm II. in Sanssouci auch nur eine Hand rührte, da hat er etwas verpatzt. Manches, wie die Aufstellung des zuckerfarbenen Marmorblocks des sterbenden Friedrichs in einem Innenraum, wird sich beseitigen lassen; auch wird man für Geigers Koloß von Bogenschützen, der hochstehen müßte, sicher einen anderen Platz finden, als in dem engen, mauerumgebenen Karree der sizilianischen Gärten! … sie werden nämlich beide um ihre Wirkung hier gebracht; … aber vieles andere, wie die Glienicker Brücke, die Lange Brücke, und der langweilige, aus dem Park herausgeschlagene Platz unter der Orangerie, mit den noch langweiligeren Balustraden, ist doch irreparabel. Und auch was die Gärtner unter ihm verbrachen, indem sie zum Beispiel Rhododendren als Unterholz anpflanzten, die mit ihren lackigen und reflektierenden Blättern durchaus nicht in das Ensemble des Parks passen, der auf Laubgrün, Rasenflächen, auf Taxus und Buchs, auf Flieder und Rose, auf Hainbuchengänge und Durchblicke durch alte Linden-, Buchen- und Kastanien-Alleen, auf farbige Baumgruppen von Laub und Koniferen gestimmt war … was sie damit verbrochen haben, einer persönlichen Vorliebe des Monarchen, gegen die ja nichts zu sagen war … (nur daß sie eben hier jede Stimmung zerriß!) … folgend … das wird doch auch nicht von heute auf morgen gutzumachen sein. Es sei denn, daß die Pflanzen selbst ein Einsehen haben und eingehen, da man sie meist nicht frei, wie sie es als Alpenpflanze verlangen, sondern in den Schatten gepflanzt hat.

Die wirklich großen Aufgaben der Zukunft sind also nicht mehr Schlösser, sondern Gemeinschaftsbauten. Es sind Bahnhöfe, Warenhäuser, Wolkenkratzer, Gerichte, Verwaltungsgebäude, Krankenhäuser, Volkshallen, Hotels, Theater und so fort. Eben all die Bauten, die für die Massen bestimmt sind. Ebenso, wie die „neuen" Gärten Volksgärten sind: mit Sportplätzen, mit Waldteilen, mit Autostraßen und Schwimmbassins. Und was für beides Sanssouci uns lehren kann, ist sehr wenig.

Potsdam in seinem Stadtbild, in seinen Platzlösungen, in seinen Haustypen von einfacher Liebenswürdigkeit, mit seinem ganzen, fast unerschöpflichen Reichtum an Lösungen des Bürgerhauses, ist hingegen voll von Anregungen für unsere Zukunftsaufgaben des Städtebaues. Und es ist fast ganz unbekannt und bislang fast völlig unausgeschöpft. Und so will es mir erscheinen, als ob die Stadt Potsdam, die immer als tot galt, eigentlich für die Gegenwart lebendiger ist, als die Wunder- und Zauberhöhlen, die sich uns gleich in Sanssouci auftun werden.

Aber bitte, werfen Sie mir nun nicht vor, als ob ich die Stadt und Sanssouci mit einander verglichen hätte und nun die Stadt künstlerisch etwa höher stellte. Oder, daß ich einem öden Materialismus das Wort rede, der einen Wolkenkratzer einem Rokokoschloß vorzieht, einen Sportplatz den sizilianischen Gärten. Oder, daß ich etwa – wie das heute bei uns in Deutschland schon die Regel ist – Kunst und Politik mit einander verwechsele. Das heißt die Kunst bespucke, die mir politisch nicht in den Kram paßt. Lieber Freund, ich bin nicht amusisch genug, um zu verkennen, wo die feineren Gefühlswerte liegen. Aber ich bin auch nicht sentimental genug, um eben die wieder von der Gegenwart zu fordern, oder sie der Zukunft von neuem als Ziel hinzustellen. Da drüben vor uns liegt eine herrliche, jedoch abgeschlossene Welt; und gerade darum, weil sie so unwiederbringlich-herrlich in der Geschlossenheit ihrer Kultur und ihrer persönlich betonten Kunst war, achte, liebe und verehre ich sie so. Und gerade deshalb fordere ich, daß sie uns als eine Insel in einer immer zweckhafter werdenden Gegenwart erhalten bleiben soll, unberührt bis in den kleinsten Stein, den letzten Schimmer seiner Silberbrokate auf den Sesseln und an den Wänden und den letzten altmodischen Schnörkel seiner Teppichbeete unter den grünen Kübeln seiner Orangenbäume.

Ursprünge der Parkanlage

Sie müssen sich natürlich nicht vorstellen, daß das Sanssouci, wie Sie es heute sehen, ganz das Friedrichs des Großen ist. Ein Teil war Wald, alter Wildgarten, der „Rehgarten". Die Hügel hinten, Ruinenberg, Klausenberg, der alte Weinberg, die *Vigne*, auf der sich das Schloß erhebt, waren fast kahl. Die Gärten unterhalb Sanssoucis – jetzt meine ich das Schloß selbst – waren noch niedere Gärten mit Hecken und Blumenrabatten in französischem Stil, und nicht, wie heute, ein im großen und ganzen englischer Park. Die Gegend nach Charlottenhof waren Wiesen und Büsche, einzelne Laubinseln darin, wohl auch noch mit Bauerngütern durchsetzt im weiten Grün der Havelniederung. Sie gehörten noch nicht der Krone und sind erst um 1820 von ihr erworben worden. Die Stadt Potsdam also und das Wasserbild der Havel waren noch nicht, wie heute durch den Park, von Sanssouci getrennt. Es lag zwar etwas abseits, aber sie gehörten zusammen. Und die Schlösser beherrschten das Stadtbild wie das Wasserbild. Heute, da riesige trennende Baumwände dazwischen aufgewachsen sind, scheinen sie weit von beiden abgerückt zu sein. Es gibt alte Bilder und Stiche, auf denen Sanssouci, und auch das heute in Bäumen ganz vergrabene „Neue Palais", völlig frei liegen, weithin die Landschaft beherrschend.

Und dann müssen Sie sich auch das Bild der Anlagen und der Schlösser, ähnlich wie ich Ihnen das schon vorn beim Stadtschloß andeutete, viel farbenreicher, als es heute ist, vorstellen. Vor allem sprach weit mehr Gold im Bilde mit, aus ganzen Reihen vergoldeter Statuen hinten bei den Neuen Kammern, und von einer großen Neptungruppe, die im Rund der Fontäne den starken Mittelakzent für das Ganze bildete. Auch das Neue Palais, das heute noch am farbigsten mit seinem Wechsel von Ziegelrot und Ockertönen ist, war noch gehoben durch reiche Vergoldungen an Dach und Kuppel. Vielleicht am echtesten ist noch der Stil des japanischen Hauses geblieben; und etwa in dieser Art müßten Sie sich die Wirkung der Baulichkeiten umdenken.

Und wenn Sie an den gärtnerischen Teil vor der Bildergalerie denken, nur reicher und vielfach vergrößert, so haben Sie ungefähr einen Begriff, wie es einst im ganzen war. Und wenn auch schon die Summe der großen Durchblicke (nicht alle!) geschaffen war – so der vom Obelisken am Eingang bis zum Neuen Palais, und wieder vom Neuen Palais weiter als eine schnurgerade Durchforstung durch die Wälder –, so ist doch das heutige Gesicht des Parkes weit mehr aus der Zeit Friedrich Wilhelms IV., als aus der Friedrichs des Großen. Nur einiges am Eingang beim Obelisken, der Teil vor der Bildergalerie, die Terrassen selbst, und manches beim Neuen Palais (wie die Reste des kleinen Naturtheaters!), verrät ihn noch, sind noch einwandfreie Zeugen seiner Gartenkunst. Und dann eben die vielen Gartenplastiken und Bildwerke. Es sind zwar bei weitem nicht alle mehr enthalten. Es stehen auch nicht alle mehr am gleichen Platz. Neue und nicht immer glückliche sind zwischen ihnen aufgestellt worden. Zu Zeiten Friedrich Wilhelms IV. so gut wie unter dem letzten Kaiser, der sogar Doubletten aus der Siegesallee[43] für würdig genug erachtete, hier marmorne Geschichtsstunden zu geben. Das Einzige nebenbei, was Friedrich der Große perhorreszierte, der es nicht duldete, daß irgendwo, noch so bescheiden und versteckt, in seinen Räumen und in seinen Gärten ein Abbild oder Standbild von ihm angebracht wurde. Außerdem hatte sich ja schon Friedrich Wilhelm IV. es sich nicht nehmen lassen, eine verkleinerte und unglückliche Kopie[44] des Reiterdenkmals von Rauch vor die große Fontäne zu stellen, all wo es auch nicht günstig steht. Also – wozu noch Uphues?!

Ja, und noch eins! Sie müssen sich Sanssouci ganz ohne Wasserkünste vorstellen. Weder die große Fontäne noch die kleineren Wasserspielereien haben je ihre munteren Strahlen in die Luft damals geworfen. Es war ihr Schicksal, tot und versiegt zu bleiben, bis auf eine halbe Stunde mal, da die Anlage, die durch das Wasserbecken auf dem Ruinenberg gespeist werden sollte, funktionierte. Die Wasser gingen, trotzdem man Wasserbaukünstler aus aller Welt heranholte und um Rat befragte, einmal und nie wieder. Und erst viele Jahrzehnte später war die Technik[45] so weit, es mühelos lösen zu können.

43 Siehe Fußnote 51.

44 Zwei Schüler Daniel Rauchs (Aloisio Lazzerini und Carlo Baratta) schufen 1865 eine verkleinerte marmorne Nachbildung des bronzenen Reiterstandbildes Unter den Linden in Berlin, das einen Platz auf der Mittelachse von Schloss Sanssouci südlich der Großen Fontäne bekam. 1927 wurde das Objekt zum südlichen Ende des „Neuen Stücks", einer Rasenfläche in Form eines Hippodroms unterhalb der Terrassenanlage der Orangerie versetzt.

45 Im Jahre 1685 war an der Seine die damals größte Wasserkraftanlage der Welt in Betrieb genommen worden, um das Schloss Marly und die Wasserfontänen des Versailler Schlossparks zu versorgen. Entsprechende Experimente unter Friedrich II., die Große Fontäne im Park Sanssouci über das Wasserbecken auf dem Ruinenberg zu speisen, scheiterten dagegen und wurden 1780 endgültig eingestellt. Erst mit der dampfmaschinengetriebenen Pumpe im 1842 in der Neustädter Havelbucht neu errichteten Dampfmaschinenhaus für Sanssouci – auch „Pumpenhaus" oder „Moschee" genannt – konnten die Wasserspiele im Park Sanssouci erfolgreich in Betrieb genommen werden. Mit ca. 82 PS wurde die Fontänenanlage im Park Sanssouci, die Hofgärtnerei an der Maulbeerallee und das Wasserbecken auf dem Ruinenberg über eine insgesamt 1,8 Kilometer lange Druckleitung mit dem Wasser der Havel versorgt. Die Fontäne im Park Sanssouci erreichte eine Höhe von 38 m, eine technische Rekordleistung der Zeit. Zur Zeit Georg Hermanns tat hier eine Dampfmaschine mit 160 PS Dienst, die die ursprüngliche Dampfmaschine 1895 abgelöst hatte.

Friedrich aber hat es reichlich verärgert, daß in seinen Anlagen, das heitere Element des Wassers, bis auf einen anmutig sich schlängelnden und zu kleinen Teichen sich ausbuchtenden Graben, dessen Linienfluß man künstlich nachhalf, so ganz fehlte. Denn auf seinen Lieblingsbildern von Watteau und Lancret und Pater gehörten doch Fontänen und sprudelnde Wasserkünste in all den *fetes galantes* notwendig mit zum Hintergrund; sangen, rieselten plätscherten gleichsam die Begleitung.

Intermezzo auf der Bühne

Aber trotz dieser vielen Veränderungen im Laufe von über hundertachtzig Jahren, scheint uns alles wie einst geblieben. Wie stark muß also die Macht des Ehemals gewesen sein! Etwas vermißt z.B. niemand, daß da oben eigentlich, von unten sichtbar, drei schloßähnliche Bauten, als ein breiter, beherrschender Komplex lagen. Und zwar so, daß Sanssouci selbst die Mitte bildete, und rechts und links davon, so daß die Sockelhöhe von Sanssouci selbst die Dachhöhe der andern beiden waren, langhingestreckt die „Gemäldegalerie“ und die „Neuen Kammern“ lagen. Jetzt können Sie das nicht mehr sehen. Der Park ist dazwischen gewachsen. Aber einst konnte man es von hier aus sehen in seiner Dreiteilung. Und sicher da oben, von diesem runden Sälchen aus, und wenn man auf die Freitreppe hinaustrat, die in den Garten hinabführt noch besser. Wissen Sie, wer in diesem Schlößchen, das da die direkte Sicht auf die Terrassen und das Junggesellenheim des alten Königs hat, einstens wohnte? Und für wen Friedrich es erbauen hatte lassen? Nein? Der Nachbar Ameise. „Wenn ich eine Flotte mein Eigen nennen würde, so würde ich kommen und Sie holen,“ schrieb er ihm nach England, „so aber kann ich nur die Hand der Freundschaft ausstrecken, um sie herüberzuziehn.“ Der alte schottische Lord Keith, der Bruder des Generals, der vor Prag (es kann auch anderswo sein, z. B. bei Hochkirch) fiel, hauste dort mit einem Neger, einem Tibetaner, einem Türken und einer schönen türkischen Pflegetochter, Emetah Uellah, genannt kürzer: Emine. Daß er als 85 jähriger beabsichtigte, seine schöne Pflegetochter zu heiraten, hat die Geschichte längst als eine gemeine Lüge entlarvt. Deshalb habe ich auch ein Theaterstück daraus gemacht. Von allen Schönheiten, die das Häuschen innen einst barg, ist nur noch eine Treppe und ein Marmorkamin in dem runden Raum da unten vorhanden, aber einst war es ein *Bijou* mit Seidentapeten und Chinoiserien und englischen Möbeln und Sammlungen von allerhand Köstlichkeiten, Uhren, Dosen, Stöcken und Büchern. Woher ich das weiß? Es gibt ganz genaue Beschreibungen von dem Marschallhaus, und die habe ich nach allen Richtungen ausgestohlen, als ich den Nachbar Ameise schrieb, eben jenes Rokokostückchen, in dem Friedrich leibhaftig auf die Bühne kam. Es war eine der letzten Konzessionen[46], die die Krone an das Volk machte, daß auch Friedrich in diesem Stück leibhaftig und mit längeren Reden auf der Bühne erscheinen durfte. Vorher durfte man ihn auf dem Theater im besten Falle nur in der Ferne Flöte spielen hören. Seitdem ist er bis zum Film heruntergekommen. Da Friedrich jedoch viele kluge Sentenzen in seinem langen Philosophendasein, das er vergeblich mit seinem Königsdasein in Einklang zu bringen versuchte (nebenbei eine der Hauptquellen seiner menschlichen Tragödie!) mündlich und schriftlich hinterlassen hat und zudem geäußert hatte, daß er sich freue, wenn er einem armen Schriftsteller Geld einbringe, so pflückte ich reichlich mir Blumen aus dem Spruchkranz seiner pazifistischen oder melancholischen Altersweisheit. Aber ich war doch gewissenhaft genug, mich von vornherein zu dieser Anleihe zu bekennen. Nur hatte ich wohl verabsäumt, sie durch Kreuzchen im Text bemerkbar zu machen. Und so kam es, daß z.B. der Lokalanzeiger eine ganze Auslese dieser Weisheiten und Aussprüche des Großen Friedrichs brachte, von denen zwei Drittel von mir stammten. Heute, wo man sich dort inzwischen mit den Werken Friedrichs vertrauter gemacht hat, würde das dem Blatt sicher nicht mehr passieren.

Der schönste Blick der Welt

Aber setzen wir uns einmal einen Augenblick hier auf die Bank[47], die eben jene entzückende Geheimratswitwe – sie werden hier in Reinkultur gezüchtet in Potsdam, sie verändern sich nicht, vor 45 Jahren sahen sie genau aus, wie heute, sie haben alle Eigenschaften ihrer verblichenen Ehegatten in potenzierter und teilweise unerträglicher Form, und ich möchte mein Urteil über sie in folgende Worte zusammenfassen: daß ich sie nicht ausstehen kann, aber gern habe, und bedauern würde, wenn sie je aus der Welt ganz verschwinden müßten. So, wie ein Naturforscher ob der Ausrottung der Dronte und der bevorstehenden des Kiwi, oder Schnepfenstraußes, noch heute fast zu Tränen gerührt wird … Also dort wollen wir uns einen Augenblick hinsetzen. Dieser Blick ist

46 Das Drama *Mein Nachbar Ameise* erschien vermutlich deutlich genug vor der Abdankung des Kaisers am 28. November des Jahres bzw. ersten Abdankungsaufforderungen im Oktober 1918.

47 Die Bank steht wohl am südlichen Eingang zum Park von Sanssouci (Abb. 14), der über den „Affengang“ von der Lennéstraße aus zu erreichen ist.

– wie ich in dem Nachbar Ameise schon adopdiktisch[48] verkündete – der schönste der Welt. Da haben Sie ein Stück alten Lindenweges, die Gärtnerhäuser, dahinter die Sphinxen mit den Reiherfedern in den Puderperücken, die Wolff'sche große Vase, die herrlichen sich, wie zwei Türflügel, öffnenden Baumkulissen. Dahinter peitscht aus dem Rund der Fontäne der Wasserstrahl in die Luft empor, die grünen Laubfontänen noch übersteigend und über den Rand der Terrassen ... über den Stufen der Treppen; die von den Silhouetten der herauf- und herabschreitenden Menschen betupft sind ... schaut rot und gelb und kupfergrünlich überspielt, die Kuppel und ein Teil der Seitenflügel des Schlosses zu uns her. Es ist – wir sprachen schon davon – etwas zurückgetreten vom Rand, wie einer, der zwar sehen will, aber nicht gesehen werden. Und darüber treibt noch das weite, lichte, windklare Spiel eines von wenigen weißen Wolken gezeichneten Himmels.

Sie meinen, daß doch der Duft von Potsdam, und die Stimmung von Sanssouci und seinen Gärten eine andere geworden und verpflogen sei vor der neuen Zeit. Ich kann das Ihnen eigentlich nicht bestätigen. Ich erinnere mich, an vier Epochen von Potsdam deutlich genug. An jene vor dem Kriege. An jene im Kriege. An jene in dem ersten Frühling nach der Revolution. Und dagegen an einen Besuch in Sanssouci in diesem Jahr. Und Sie werden selbst entscheiden, ob das Bild von heute mehr dem einst hier oder dem Potsdam der Revolutionszeit gleicht. „In der Stadt fehlt die ungenierte Selbstverständlichkeit des Militärs" schrieb ich damals. „Die Bäckerjungen rauchen englische Opiumzigaretten, lesen die Freiheit und spucken nach den ehedem preußischen Hofschwänen im Kanal. Alles sieht mit einem Schlage unfroh, ungewiß und veraltet aus. Eine Generalswitwe, deren Mann ebenso gut im siebenjährigen Krieg, wie 1870 oder 1914 geblieben sein kann – aber das letzte ist kaum anzunehmen – huscht, Brotkarten in den gestopften Zwirnhandschuhen, gebückt und scheu wie eine Fledermaus, durch die Straßen. Vom ganzen Krieg sind nur noch an Uniformen ein paar Dutzend Lazarettsoldaten übrig geblieben, die auf den Bänken im Park sich sonnen. Der Flieder blüht zwar wie stets, aber nur noch aus alter Gewohnheit. Ein Gärtner und eine Heckenscheere scheinen sich seit Jahren nicht mehr um ihn gekümmert zu haben. Keine Hofequipage kommt lautlos auf Gummirädern mehr angerollt. Man hat auch nicht mehr das beängstigende Gefühl, es würde gleich eine um die Ecke biegen, aus der ein Offizier oder eine kühle, lächelnde Dame mit strenger Liebenswürdigkeit herausnickt. Jemand geht über den Rasen. Niemand wagt erfrischend zu brüllen. Oben auf der Rampe von Sanssouci feh-

48 Lautmalerisch stärker als das hier wohl gemeinte *apodiktisch* (unwiderlegbar)

len meine schönen, alten chinesischen Porzellanhocker. Sind sie gestohlen, requiriert, oder nur gerettet? Im zertretenen Rasen liegen die abgerissenen schwarzroten Papiere der Filmrollen, und eine Schaar von johlenden Wandervögeln sitzt auf der Böschung und läßt die Beine herunterbaumeln. Andere kochen unter Guitarrenbegleitung ab. Der alte Fritz guckt ihnen vom Voltairezimmer aus direkt in den Aluminiumtopf." Sehen Sie um sich, und antworten Sie mir dann, ob Sie auch nur einen Hauch von jenen Tagen hier verspüren, und ob nicht alles wieder ist, wie einst. Vielleicht sogar bis auf die kühle Dame, die aus der Hofequipage nickt.

Raumhäutungen und Traumdeutungen

Ach, wozu eigentlich weitergehen? Plaudern wir noch ein wenig. Gibt's denn einen besseren Platz in der Welt, als diese Bank? Der alte Turgenjew hatte ganz recht: wenn man wo sitzt, und man sitzt gut da, soll man nie aufstehen, denn man weiß nicht, ob man es noch einmal so gut in der Welt haben wird! … Sie waren schon oftmals in Sanssouci? Kennen so, wenigstens oberflächlich, das Wichtigste, was es hier zu sehen gibt; die vier Schlösser, Sanssouci, Neues Palais, Charlottenhof, Marmorpalais im Neuen Garten? Kennen das japanische Haus, den Antikentempel, den Freundschaftstempel, die römischen Bäder, den Drachenberg, die Orangerie? Sie sind auch auf den Pfingstberg und auf den Ruinenberg gestiegen. Meist waren Sie aber in den Gärten, oder in der Gemäldegalerie, die Sie lieben ihrer marmorkühlen und lichten Weite des Raums willen. Also: wir wollen mal ein Experiment miteinander machen. Ich sage Ihnen ein Wort. Und Sie antworten mir; was taucht dabei zuerst in Ihnen auf. Welche Gedankenverbindungen kommen Ihnen? Und welcher Bilder erinnern Sie sich? Und warum gerader dieser?

„Sanssouci?"

Was sehen Sie zuerst? Am stärksten sich vor andere Vorstellungen schiebend. Dachten Sie an Verse von Lilienkron, von Geibel, von … ? An bestimmte Räume, an bestimmte Bauten? An Wege? Den Durchblick vom Obelisken bis zum Neuen Palais? Nein? An Naturstimmungen? Herbstfärbungen mit herabschneiendem, welkem Laub? An Frühling mit Veilchen und dem ersten Anflug von Grün über Büschen, unter denen sich wie silberne Tücher die Rasen der weißen Anemonen und, wie eingewebte Goldmuster darin, die wenigen Flecken der gelben Anemonen ausbreiten? Denken Sie … an …. an … An den Roßschweif der fallenden Fontäne, der metallisch und gewellt ist, wie der

Schweif eines van Dyk'schen Pferdes, das stets weit mutiger als sein etwas verzärtelter, blaublütiger Herr erscheint?

All das, meinen Sie, war nicht die erste Vorstellung bei dem Wort „Sanssouci". Es war auch kein Bild. Weder eins von Menzel, die Tafelrunde, das Flötenkonzert, eine Zeichnung aus dem „Kugler"? Die, in der er auf der Terrasse der Gemäldegalerie an der Balustrade entlangschreitet, oder jene, wo er durch den langen lichten Raum geht – über die Marmorfliesen der Galerie dahin, unter der viele, viele Meter langen Golddecke – winzig klein im Raum, umsprungen von seinen Windspielen? Oder jenes, wo er, schon überaltert, fröstelnd im Lehnstuhl sitzt, wieder winzig und eingeschrumpft, zwischen den überhohen Säulen der Kolonnaden seines Ehrenhofes, dessen Auffahrt nun wieder Rasen wurde, weil Napoleon hier herauffuhr, dessen wunderzierliches Eisentor ewig verschlossen bleibt, weil es einst für Napoleon geöffnet wurde?

Sie schütteln. Keinen Lancret und Watteau? Auch nicht der schöne große de Troy in Sanssouci, den mit der Dame in dem blauen geblümten Reifrock, die im Hofknix sich verneigt? Nein? Nun aber will ich genau Ihnen sagen, was dieser Klang in Ihnen auslöst: Die Vorstellung von einer Plastik, einer weißen Marmorfigur[49], die im Grün steht, über der sich das lockere Dach eines alten Baumes wölbt, und die gründgoldig von den wechselnden Sonnenflecken des leise schwankenden Laubs überspielt und überhuscht ist. Sehen Sie: das war es! Oder es ist wie bei mir – eine liegende Sandsteinfigur, vermoost und ganz weich geworden im Laufe der Jahrhunderte. Und die nun von einem geheimen Leben durchpulst wird, dort, wo die Sonnenflecken über die Üppigkeit ihres schönen Frauenrückens und ihrer Lenden spielen. Aber meist ist das, was bei dem Wort Sanssouci zuerst sich in uns einschaltet, keine bestimmte Figur, keine der vielen Gruppen von Adam, von Michel, vonPappenhoven oder von einem andern. Es ist nur von allen diesen das Zusammenspiel, die unbestimmte Vorstellung. Sie können nicht einmal sagen, ob es ein Männer- oder ein Frauenkörper ist, Held, Gottheit oder Nymphe.

Und gerade hier denken wir daran! Vorn im Lustgarten gibt es ja auch einige sehr gute Figuren. Aber man achtet ihrer nicht recht. Ahnen Sie weshalb? Ich glaube. nur, weil sie nicht völlig im Grünen stehen, keinen Rasen unter sich haben, weil der große sandige Exerzierplatz in nächster Nähe ist. Man hat das Gefühl, sie haben sich nun hierhin verirrt, und sie frieren auf ihren Sockeln, Sommers und Winters. Sie sind nicht mit ihrer Umgebung, wie all ihre Genossen und Ge-

49 In der Ausgabe im Rembrandt-Verlag steht diesem Absatz das Foto einer Skulptur am Fontänenrondell gegenüber.

nossinnen drüben im Park von Sanssouci verwachsen, soviel davon ich auch an mir vorüberziehen lasse. Denn diese sind ja die eigentliche Seele dort, so wundervoll-organisch mit der Natur ringsum verbunden; ganz gleich, ob sie von hoher Kunst, oder mehr handwerklich sind. Das heißt: auch jene haben ein *je ne sais quai*[50], das in der Zeit lag und unnachahmlich ist. Sie sind meist klein, bescheiden, gar nicht aufdringlich, diese Marmorgötter und Puppen haben keine Siegesalleeallüren[51]. Aber sie sind mit einem lyrischen Pantheismus in ihre Landschaft hineingewachsen, die durch sie mit hundert Stimmen zu sprechen, nein, mehr als das, mit hundert Stimmen am hellen Mittag zu schweigen beginnt?

Kennen Sie so die Mittagsstimmung an den ersten heißen Tagen in Sanssouci hier? Kaum ein Mensch weit und breit. Nur Laub und alle Buntheit und alles Blühen. Und das nackte Weiß der Statuen und Gruppen und Vasen durch die Büsche – allenthalben durch Taxuswände und beschnittene Buchengänge lüstern versteckt, im Grün verschleiert, von der Sonne beglüht, vom Schatten gekühlt – überall nacktes Weiß nackter Götter. Nackte Frauen, die entfliehen wollen, nicht entfliehen können, die überrascht zusammenschrecken, und doch freudig nicht erschrecken. Die schreien, weil sie geraubt werden, und schreiend sich gern rauben lassen. Männer dann, die vorgeben, Helden zu sein und Götter, oder zum mindesten Halbgötter, vorgeben mit breiten Brustkörben und geschwellten Armen, Lanzen und Schwerter zu schwingen und Lauten zu schlagen. Die erfüllt sind von Streben, hohen Zielen nachjagend. Und die doch nur ein Streben und ein Ziel zu kennen scheinen: eben jene weißen üppigschlanken Frauenglieder, denen alle ihre Blicke gelten, all ihre Kämpfe, all ihre Taten, all ihr Sang; die Lohn sind, Genuß, Vergessenheit, Inhalt aller Wünsche und allen Ringens. Überall blickt das nackte Weiß durch die Büsche.

Und dann gibt es andere, dort schauern vergrünte Sandsteinfiguren unter hängenden Weiden. Es sind keine kühlen Marmorschönen, sondern die alten rauhen Steine sind wirklich, wie von Leben durchrieselt, weich, lässig und schwellend, und schlafend in der Sonne. Nymphen sind es, die sich vor der Mittagsglut in den Schatten geflüchtet ha-

50 Der Ausspruch (dt: „ich weiß nicht, was“, im Sinne von „das unbestimmbare, gewisse Etwas“) ist ein Begriff der Ästhetik, mit dem die Unmöglichkeit bezeichnet wird, einen ästhetischen Gegenstand sprachlich vollkommen zu fassen.

51 Die Berliner Siegesallee verband den Königsplatz vor dem Reichstag mit dem Kemperplatz am südlichen Rand des Tiergartens und war von Kaiser Wilhelm II. 1895 in Auftrag gegeben und mitfinanziert worden. Die Allee wurde von 32 Denkmälern aus Marmor gesäumt, die die Markgrafen und Kurfürsten Brandenburgs und Könige Preußens zwischen 1157 und 1888 darstellten. Das Arrangement wurde im Volksmund bald als ›Puppenallee‹ verspottet und kam auch in der Fachkritik schlecht weg. Dennoch entwickelte es sich zu einem beliebten touristischen Anziehungspunkt.

ben, und an denen man nur leise vorübergeht, als ob man fürchten könnte, daß sie jeden Augenblick erschrocken aufspringen, um wieder in das Grün der Büsche zu verschwinden, denen sie entstiegen sind. Hoch oben in der Muschelgrotte in einer offnen Nische lagert, mit dem Grün hoher Pappeln dahinter, eine weiße Göttin. Und man glaubt dann manchmal mittags wirklich an eine Dryade, die wieder in ihre Bäume zurückflüchten wird, wenn wir unbedacht oder mutwillig sie aufstören.

Diese Worte scheinen Ihnen irgendwie bekannt! Nun ja zu Zeiten Heinrich Schöns[52], also um 1845, hat es hier auch nicht allzuviel anders ausgesehen als heute.

Und welche Bilder tauchen in Ihnen empor, wenn Sie einmal nicht an die Gartenplastik, sondern an die Gärten selbst denken? Und in das Gewand welcher Jahreszeit haben Sie sie gekleidet? Früher, um 1895, glaube ich, liebte man die Melancholie dieser Gärten in den herbstlichen Farben der Vergänglichkeit. Auf dem zitternden Rund der großen Fontäne mußten über die leicht gekräuselte Fläche hin gelbe Blätter treiben, und in den Wegrändern der langen Alleen mußten sie braun-goldene Schaumkanten ziehen, die unter unseren Schritten emporstäuben. Alles mußte in Makart-Tönen sagen: es war einmal! Ich denke, das kam auch von Malern, die man liebte, und die heute fast vergessen sind, wie Freiherr von Schennis. Unsere Voreltern aber fuhren nach Sanssouci, wenn der Flieder blühte. Und nach Charlottenhof, wenn die Rosen blühten. Einige, besonders raffinierte, gingen auch zwischendurch zu den Maiblumenfeldern vor dem Schinkelschlößchen[53], und im Sommer zu den Orangenkübeln auf der Terrasse der Orangerie. Sie wußten genau, wann sie ins Freie kamen, ihr Glashaus verlassen durften.

Aber ich eigentlich, wenn ich an die Gärten denke, stelle mir dabei keine dieser Jahreszeiten vor. Ich habe vor allem das Bild in den Pastellfarben des ersten Frühlings vor mir. Und dann wieder in ganz späten Augusttagen, und Anfang September; noch bevor das Laub sich zu färben beginnt. Wenn der Sommer vorbei ist und der Herbst noch nicht begonnen hat. Und welche Stellen der Gärten haben sich Ihnen eingeprägt? Verblaßt nicht auch die Laubszenerie, die kühnen Baumkulissen der großen Fontäne über dem vielen kalten Marmor seiner Sitzbänke. Ich habe meine Bezeichnung für solche Bank; aber dezent wie ich hin, verrate ich sie nicht. Und ebenso dieser Abschluß der Terrasse mit seinen kalten, ptolemäischen Marmorlöwen, so oft er sich

52 Siehe Fußnote 8.

53 Gemeint ist Charlottenhof, das von dem Architekten Karl Friedrich Schinkel 1826-1829 auf den Grundmauern eines alten Gutshauses nach dem Vorbild römischer Villen errichtet wurde.

auch durch Bilder und Photos Ihnen einprägen wollte? Das ist nicht die echte Farbe dieser Gärten, die anmutig, vielleicht auch bizarr, aber beileibe nicht pompös war. Und, in Wahrheit, all das ist ja Friedrich Wilhelm IV. ... ist 1850. Gewiß es hat heute auch Stimmung bekommen – trotz all zu schroffer Gegensätze! – und es würde zum Beispiel bei der Orangerie sich mit Bauten und gärtnerischen Anlagen sehr gut vertragen haben, aber hier, in die Welt von 1750, bringt es einen Mißklang. Man wird sich dessen nicht bewußt, aber doch insgeheim irgend wie fühlt man es. Weil sein Bild in uns doch immer wieder verbleicht, und andere, weit intimere, sich vorschieben. Bizarr, sagte ich, muß ja dieser Garten einmal gewesen sein, ganz wie auf französischen Bildern alter Zeit, ein Garten, um Feste zu gehen, um zwischen geschnittenen Laubgängen philosophierend zu lustwandeln. Ein Kunstprodukt und weniger ein Stück Natur. Und durch seine Mitte zog sich, von Knobelsdorff geschaffen, eine lange Kolonnade hin, ähnlich, aber weit reicher und auch wohl kühner – eben an keinen Bau sich anlehnend – wie die am Stadtschloß und jene, die den Hof von Sanssouci da oben im Halbrund umschließen. Mit Säulen aus schlesischem Marmor und mit Verzierungen aus dem Marmor Carraras. Heute ist keine Spur davon da; und auch Bilder geben uns keine sehr klare Vorstellung der Wirkung mehr. Und doch haben Sie schon einmal etwas davon gesehen. Denn ein Teil der Säulen sind nach Friedrichs Tod im Marmorpalais mitverbaut worden.

Gartenräume und -träume

Aber wir kamen ab von unserer Frage. Welche gärtnerischen Bilder tauchen zuerst in Ihnen auf? Es ist für jeden Parkteil, für die Umgebung eines jeden Schlosses ein anderes, ja selbst jedes kleine Lusthaus hat im Garten um sich das Geheimnis seiner eigenen Stimmung und einer anderen Stimmung behalten. Aber bei jedem scheint mir eine Stelle zu sein, die gleichsam der seelische Mittelpunkt dieser Stimmung ist, die alles in sich vereint, noch einmal den ganzen Gefühlskomplex in sich wiederholt, der hier in Kunst seine Form fand.

Ich sehe den Eingang von Sanssouci vor mir – nicht den hier, sondern den am Obelisken – mit dem schönen eisernen Tor und den Säulenbündeln von „Chevalier Bernini“, so hieß Knobelsdorff in der Rheinsberger Tafelrunde. Und einen alten Weg mit breiten Stufen, an dessen Wangen Göttinnen der Fruchtbarkeit, breit hingelagert, ruhen.

Und ich sehe die Muschelgrotte[54], ganz eingehüllt in Grün. Ich sehe die Teppichbeete vor der Gemäldegalerie mit altmodischen kurzen Aschenpflanzen mit grauem, gelbem und fuchsigem Blattwerk, das zu den Muscheln und farbigen Sternen der Rampe paßt. Ich sehe die geschnittenen Gänge der Hainbuchen, die rechts und links zu ihnen heraufführen. Zwischen den beiden Rokokosphinxen mit ihren Puderperücken taumelt im Halbdunkel mit orangefarbenen Flügelrändern ein Aurorafalter, strebt unter den Bäumen dahin, über den Graben fort, auf die helle Wiese hinaus, in die Sonne zu Schaumkraut und Bachnelkenwurz. Das – nicht die Terrassen mit den Verglasungen und den uralten vielarmigen Leuchtern seines Spalierobstes dahinter – ist mir gewärtig, wenn ich an die Landschaft denke, die mir das Schloß da oben umhüllt, mit ihm zusammenklingt.

Und der Geist der Jugend Friedrich Wilhelms des Vierten, der liegt für mich in dem Teil des Parks, der um den kleinen von Glyzinien überranktem Zierbau liegt, den Schinkel nicht entwarf, sondern träumte, und der heiter und schwermütig zugleich ist mit seinem Marmorsarkophag[55], über dem sich das luftige Dach von grünen Schlinggewächsen erhebt; und so wundervoll unwirklich dabei. Das ist der Geist von harlottenhof *in nuce*[56]. Nicht Griechentum, nicht Antike, sondern die Form gewordene Sehnsucht danach. Friedrich der Große sammelte Antiken, baute sich einen Tempel, um Büsten aufzustellen; um Gemmen in Muße in ihm betrachten zu können oben in Sanssouci selbst. Draußen in der eisernen Gitterlaube vor seinem Bibliothekszimmer, stand die schöne, frühe Bronze des Adoranten, des Knaben, der seine Arme erhebt zu einer unbekannten Gottheit. Dinge sind ja immer nur das, was wir in sie hineinlegen, und schon der alte Raabe meinte, ob es nicht doch vielleicht kein betender, sondern nur ein ballspielender Knabe wäre. Genug: er ist ein Kanon auf dem Knabenkörper und Friedrichs Blick mag oft vom Buch aus zu ihm hinübergewandert sein. Er liebte Antiken, er sammelte Antiken, ließ sie aufkaufen auf französischen Versteigerungen, durch italienische Agenten. Er rückte später vom Rokoko innerlich eigentlich immer weiter ab, immer stärker anti-

54 Die Neptungrotte befindet sich im Park Sanssouci, zwischen dem Obeliskportal in der Schopenhauerstraße und der Bildergalerie.

55 König Friedrich Wilhelm III. ließ den seit 1806 weitgehend leer stehenden Antikentempel in eine Gedenkstätte für seine am 19. Juli 1810 verstorbene Frau, Königin Luise, umgestalten. Im Juni 1828 wurde dort ein Sarkophag aufgestellt, der nach dem 1815 von Christian Daniel Rauch entworfenen Original, das im Mausoleum im Schlosspark Charlottenburg steht, gearbeitet worden war. Bis 1904 verblieb diese Zweitfassung des Sarkophags im Antikentempel und gelangte im Herbst des Jahres in das 1877 für die Allgemeinheit eröffnete Hohenzollernmuseum des im Zweiten Weltkrieg zerstörten Schlosses Monbijou in Berlin. Heute befindet sich diese Fassung in der Friedrichswerderschen Kirche.

56 (deutsch: in einer Nuss) lateinische Redewendung für „zusammengefasst“, „in knapper Form“.

kisierend. Er ließ, als letzten Bau hier, sich nach einer Darstellung des Macellum[57] des Nero, die er auf einer Münze fand, sein Belvedere auf dem Klausenberg erbaun. Und doch ein Wort, daß Schinkel kannte, und der älteste Sohn der Königin Louise kannte, war für ihn noch ungeschrieben. Es lautet: „Das Land der Griechen mit der Seele suchend".

Und dann sehe ich immer eine Stelle in den sizilianischen Gärten wieder vor mir, Spätsommer ist es, und vier Orangenbäume in Kübeln umstehen das Rund einer kleinen Fontäne, dessen schwarze Fläche von dem roten Rücken der Goldfische belebt ist. Man atmet den vollsten Duft des Heliotrop und liebkost mit den Blicken die Kronen der zierlichen Nadelfuchsien. Sie sind reizend-altmodisch. Ich habe mir eine Nadelfuchsie zu Geburtstagen gewünscht, schon als ich 5 Jahre war, aber in einem halben Jahrhundert ist es mir nur zweimal geglückt, sie zum Geburtstag geschenkt zu bekommen. Und beide mal ist sie mir bald eingegangen. Es scheint mir bestimmt zu sein, daß ich mit Frauen und Blumen, die ich liebe, kein dauerndes Glück haben soll.

Und die Seele jener Gartenwelt da jenseits, bei der Orangerie, ist mir die alte Maulbeerplantage, die an der Straße[58] liegt. Allerhand Zierkürbis werden da gezogen und eine unendliche Üppigkeit von Dahlien, Georginen, Verbenen, Jalappen, Amaranth und andere alten Herbstblumen, deren Namen ich nicht mal mehr ahne. Erst gibt es da ein verlassenes römisches Bad, in dessen Mauernischen so allerhand große schlesische Glasvasen stehen, noch altmodischer fast und plumper und bunter, als der ganze Blumenflor, zu dem sie vorbereiten. Gerade wie man es in Oberitalien liebt, rankt hier auch alter, echter Wein sich von Maulbeerbaum zu Maulbeerbaum, und in ungezählten Mengen stehen die Feuerwerkskörper der Sonnenblumen dazwischen. Die Wege sind ganz schmal, und man muß sich ordentlich hindurchkämpfen durch diese Blumenfülle. Die großen Büsche von Flox und Astern fallen auseinander an den Rändern der Beete und wollen einen gar nicht vorüberlassen. Das hat nichts von der Kargheit und Keuschheit der Schinkelschen Welt mehr, das ist epigonenhafte Übersteigerung, Ausklang und krank gewordene Sinnlichkeit. Aber man hat ja manches hier geändert. Vielleicht besteht dieser alte Herbstgarten gar nicht mehr, und wenn er besteht, so hat ihm die Hand des Gärtners seine Wildheit, Buntheit und Überfülle lange schon genommen. Mir schien er immer wie der Wunschtraum eines Geisteskranken.

57 Eine unter Nero auf dem *Caelius* in Rom erbaute Markthalle.

58 Es handelt sich um die heutige Maulbeerallee, an der die ehemalige Hofgärtnerei (heutiger Botanische Garten) und der Paradiesgarten mit dem 1845/46 errichteten Brunnenhäuschen, dem sogenannten Atrium oder auch Stibadium, angesiedelt sind.

Schlösserwelten

Empfinden Sie nicht auch, daß sich um den Freundschafts- und um den Antikentempel, der jetzt die irdischen Reste der letzten Kaiserin birgt, eine Feierlichkeit gebreitet hat, die sie sicher einst nicht hatten, als dort Friedrich mit den Blicken die Büsten seiner alten Lieblingskaiser liebkoste, und seiner Lieblingsschwester zärtliche Verse nachklagte? „Für ewig Schwester sankst Du mir in Schlaf! Und Gottes harte Hand ob meinem Haupt, die oft mich schlug und mir soviel geraubt. Was mahnst Du mich an meiner Jugend Land?“ Wenn irgendwo in diesen Gärten hier haben diese schönen beiden Rundtempel von Gontard sich ihre eigene Atmosphäre geschaffen. Feierlichkeit voll von Laubgrün und Schweigen. Warum sie eigentlich das japanische Haus – eines der reizvollsten und originellsten Dinge in der ganzen Reihe seiner kleineren Zierbauten – verloren hat in dem letzten Jahrzehnt, weiß ich nicht. Ich glaube, man hat sie künstlich neu schaffen und verstärken wollen und dadurch ganz zerstört.

Ich sollte Ihnen von den Schlössern und Schlößchen sprechen, meinen Sie. Warum? Sie sollen durch mich weder die vorzüglich und mit kühler Kunsthistorikersachlichkeit gearbeiteten amtlichen Führer, noch die Führung ersparen, der leider jeder sich unterwerfen muß, und die uns nur dann nicht stört, wenn wir von vornherein genau wissen, was wir in der knappen Viertelstunde, in der man uns durch die Säle treibt, ansehen wollen, und außerdem vorher nach dem Rezept des Odysseus Wachs in die Ohren gesteckt haben. Aber einen Rat möchte ich Ihnen für Ihre zukünftigen Potsdamfahrten geben: sehen Sie sich jedesmal nie mehr, als ein, höchstens zwei der Schlösser an. Und dann nehmen Sie die Bauten in zeitlicher Folge – auch die friderizianischen – und Sie werden von Jahrzehnt zu Jahrzehnt die Entwicklung und Umstellung des Geschmacks spüren. Von Rheinsberg, nach Sanssouci, nach dem Stadtschloß, von da nach dem japanischen Haus. Dann nach dem Neuen Palais, dann nach der Bildergalerie, den Neuen Kammern, dann Freundschaftstempel, Antikentempel und Belvedere. Dann Marmorpalais, dann Paretz, dann Charlottenhof, dann Babelsberg, dann Orangerie und Pfingstberg. Jedes der Bauten hat innen – von außen gar nicht zu sprechen – das *Cachet* eines anderen Zeitgeschmacks, auch wenn sie sich ganz langsam nur zu wandeln scheinen, und jede Zeit noch die Fracht vergangener Jahrzehnte mit sich trägt. Und dann achten Sie auch auf die Entwicklung des vornehmen Landhauses, vom Marschallhaus bis zu allerhand Prinzenbauten, wie es die beiden hier hinter der Friedenskirche sind, an denen wir eben vorübergingen. – Das eine mit dem süßen Gartenpavillon und dem System von Pergola und Stabwerk für Weingehänge (man denkt an Welsch-Tirol!) ist noch Schinkels Hand. In dem drüben spüren Sie schon den schwächeren Epigonen seiner Kunst. – Und Sie werden mühelos begreifen, wie und warum Stile sich auflösen … Denken Sie an Schloß Sanssouci. Sie können sich hunderte ähnlicher Bauten vorstellen; wie sie einst vor der französischen Revolution den weiten, schönen Garten des französischen Landes zierten. Und dann denken Sie an den prunkenden, doch überladenen Riesenbau des „Neuen Palais" … in dem das Rokoko – um es paradox zu sagen – Barock wurde, der Schmuck übergroß, die Plastik manchmal schon etwas leer und summarisch. Und Sie werden im Augenblick verstehen, daß das Rokoko im Neuen Palais schon eine Kunst geworden ist, die bei aller Schönheit sich nicht mehr weiter entwickeln kann und in sich bald zusammenbrechen muß.

Friedrich hat es nach dem Siebenjährigen Kriege gebaut. *Quand même*[59]! Nennt es selbst eine Fanfaronade. Hat es zu Ende geführt, um zu beweisen, daß er nicht verarmt sei. Es hat aber kein prunkhaftes Treppenhaus, wie Würzburg oder Bruchsal. Und seine eigenen Gemächer hat er zwar noch köstlicher fast, als die andern in Potsdam, ausgestattet, aber er hat sie in einen niederen Seitenflügel gelegt, um seinen Neffen und Nichten, den fremden Potentaten, die ihn besuchten, und denen er große Feste geben mußte, den Prunkbau zu überlassen. Sie konnten dort sich Theater vorspielen lassen und konnten sonst tun und lassen, was ihnen behagte. „Ich habe das ganze Haus voll Neffen und Nichten", schreibt er 1775 an Voltaire, als man eines seiner Stücke dort spielte, „und ich muß ihnen Schauspiele geben, um sie für die Langeweile zu entschädigen, die ihnen die Gesellschaft eines alten Mannes verursachen dürfte."

Das Theater dort ist wenigstens erhalten (auch von dem vorzüglichen Nahl), aber doch durch ungeschickte Restauration sehr um seine Wirkung gebracht. Auf Durchblicke von Raum zu Raum, so durch eine ganze Zimmerflucht hin, hat Friedrich hier bei sich selbst nebenbei verzichtet: Denn er war, wie er in dieser Zeit schreibt, „schon grau, wie ein Esel, halb lahm vor Gicht und verlor alle Tage einen Zahn". Und so kam es, daß er Zug weit weniger liebte, als diese weiten Durchblicke, die er einst so geschätzt hatte. Aber herrliche Möbel von Spindler, Kambly und Schwyzer muß es darin haben. Woher ich es weiß? Ich habe jetzt die Werke darüber durchgeblättert. Denn (wie schon bemerkt) immer, wenn ich in früheren Jahren mir mal das Schloß ansehen wollte, waren gerade „die hohen Herrschaften da" (ich nehme Ihnen

59 Deutsch: Trotzdem!

das keineswegs übel, ich würde auch lieber in Potsdam im Neuen Palais, als im Norden in der Prenzlauer Allee wohnen, selbst, wenn es in Potsdam an modernem Komfort fehlen sollte). Und in den letzten Jahren, wie gesagt, wenn ich schon mal da die 500 Kilometer nach Berlin heraufkam, und mich mal nach Potsdam dann verirrte, dann ging es mir, wie dieses mal es uns gehen wird: ich bin vorher hängen geblieben. Aber sowie ich das nächste Mal nach Potsdam komme, das verspreche ich Ihnen, wird mein erster Gang dorthin sein. Und ich werde, wie Oberländers Dichter in den Fliegenden Blättern ausrufen voller Begeisterung: „Das ist also das Himmelsschlüsselchen, das ich immer so schön besungen habe!"

Die Welt im Bild

Doch noch ein Wort: ist Ihnen einmal klar geworden, daß jede Kunst eigentlich einen Urgedanken, ein Ideal ihrer selbst verkörpert, das wir nicht kennen; daß sie eine imaginäre Vorstellung ihres Wesens hat, und nur in ganz seltenen Augenblicken des Glücks sich selbst erreicht. Wir arbeiten ja mit dieser Annahme, wenn wir, ohne es uns verwirklicht vorstellen zu können, von Begriffen wie Vollendung und Vollkommenheit sprechen. Oder sagen, etwas bleibt hinter seiner eigenen Idee zurück. Und vielleicht sind es nur drei Schöpfungen hier unter den allen, die sich völlig restlos mit der Idee der Baukunst Friedrichs decken, keiner Steigerung mehr fähig wären, sich selbst erreicht haben. Das ist das Bibliothekszimmer in Sanssouci. Ganz königlich. Und dabei ganz rund, schlicht und in sich geschlossen, wie das Weltbild eines Philosophen. Fürder die Raumwirkung der Gemäldegalerie. Und endlich die spielerische Grazie des japanischen Hauses, die östlicher ist, als der ganze ferne Osten, und zugleich rokokohafter, als das ganze XVIII. Jahrhundert, nur noch Spiel und Maskerade.

Die erlesensten Stücke der Malerei, die Friedrich sammelte, sind nicht in Potsdam geblieben, sie kamen nach Berlin in das Schloß und in die Museen; so die berühmten Watteaus, das Firmenschild und das *Debarquement* zur glücklichen Liebesinsel, mit dem jedes Feuilleton und jedes Novellchen, das etwas auf sich hält, und in dem Marquis und Marquisen Menuett tanzen, schon seit 20 Jahren beginnen muß. Trotzdem gibts noch sehr schöne Bilder in Potsdam, zwei herrliche Lancrets dort, der Tanz an der Pegasusfontäne und die Tänzerin Camargo, weiter der schöne de Troy, von dem ich Ihnen schon sprach; und zahllose andere Dinge der Zeit. Ich glaube, in Frankreich ist man ärmer an Franzosen als hier; und erst in der Wallacekollektion findet man ähnlichen Reichtum.

Aber die drei Bilder, die für mich eigentlich die Seele, die Essenz seines Geschmacks waren, sind nicht mehr in Potsdam. Die kluge Berliner Museumsleitung hat sie sich schon vor Jahren überweisen lassen. Es ist ein Rubens aus der oranischen Erbschaft. Satyren nähern sich in unverkennbarer Absicht einigen Nymphen, die ob dieses Überfalls nicht zu sehr erschrocken sind. Wie gesagt, ein schöner, saftiger, eigenhändiger Rubens von einem satten und reifen Ton. Aber die rechte Hälfte des Bildes nimmt etwas ein, was zwar von ihm genau so herrührt, aber, als hätte es den späteren Besitzer vorgeahnt, ganz friderizianisch im Geiste ist. Eine hohe Fontäne. Aus dem breiten oberen Becken rinnt ein durchsichtiger silberner Wasserschleier hinab, und durch diesen Wasserschleier sieht man, verschwommen und leicht verzerrt, einen großen grauen Windspiel. Er ist eigentlich nicht da. Es ist nur, als ob man an ihn denkt. Aber er bleibt uns dafür auch wie ein Stück Erinnerung. Und dann war da Pesnes große Barbarina, die mit dem Leopardenfell und dem Tambourin, überschlank, mit kleinen Kopf und Kirschenaugen, von der Sorte, die ganz groß sind und lange am Baum bleiben müssen, damit sie sehr süß werden. Pesne hat sie auch nackt gemalt, aber auch hier glaubt man es schon, daß sie ein herrliches Geschöpf war, ganz tierhaft und ganz beseelt zugleich.

Sie steht auf der Bühne, aber sie tanzt nur für einen. Und es scheinen nicht die Blicke des alten Berliner Apollos zu sein, wie ihn Friedrich nannte, die sie sahen und festhielten, sondern die streichelnden Blicke des einen, für den sie tanzt. Das Dritte aber galt auch als Pesne, hing da mitten in der Gemäldegalerie, klein und unscheinbar zwischen Riesenbarockbildern. Der Saal des Barocks brauchte einst diese Formate. Es war ganz skizzenhaft, ganz unirdisch, mehr ein gemalter Hauch, als Gegenständlichkeit. Eine Entführung der Europa. Aufgelöst in Blumenketten, Bewegung, spielende Grazie vieler Figuren und Putten. Alles sehr hell und wie aus Rauch gebildet. Es war kein Gemälde, es war Erinnerung, wie Corot ein Bild „Erinnerung an Castellfranco“ kennt. Ich glaube, jetzt gilt es als Watteau. Und dieses Bild ist mir stets wie ein Symbol für die ganze Welt hier gewesen. Für diesen Traum, den hier ein Einzelner aus seinem Leben zu machen strebte. Und der nun für uns Licht und verblaßt zugleich ist, Wirklichkeit und Schein zugleich ist, und von dem wir ein so süßes, dämmriges, in lichten Farben sich zu bestimmten Formen immer wieder neugestaltendes Bild der Erinnerung in uns tragen, wo wir auch sein mögen, wieviele Jahre und wie viele Meilen wir uns auch davon entfernt haben mögen.

Und nun, mein imaginärer Begleiter, will ich Sie verlassen. Soeben sah ich noch Alles: Potsdam, Sanssouci da oben, die Weite seiner Gärten, in dem kühlen silbernen Licht einer märkischen Sonne vor mir. Nun aber hebe ich den Blick von meinem Schreibpapier, und er wandert hinaus in die grüngoldene Wirklichkeit des Odenwalds.

Sollten Sie mit meiner Führung unzufrieden gewesen sein, sollte sie nicht genau sein; ja sollten etwa grobe Unrichtigkeiten Sie gestört haben, so bitte ich zu bedenken, daß ich ja keinen Führer durch Potsdam schreiben wollte, sondern auch nur „Ein Buch der Erinnerung“ oder wie der Titel eines meiner Lieblingsbücher lautet: „Memoirs of my dead life“.

Verzeichnisse

Die im Buch erwähnten bzw. beschriebenen Örtlichkeiten sind – dem Aufbau des Buches teilweise folgend – in vier verschiedenen Verzeichnissen untergebracht:

- Bauten in Potsdam
- Straßen und Plätze in Potsdam
- Bauten im Park Sanssouci
- Sonstige Örtlichkeiten in Potsdam und Umgebung

Etliche Gebäude, deren Hausnummern der Autor nennt, sind zusammen mit weiteren prominenten Gebäuden auch in das Verzeichnis für Straßen und Plätze als entsprechend nummerierte Untereinträge eingegangen.

Für viele Verzeichnis-Einträge finden Sie nähere Erläuterungen auch im „Kleinen Potsdam-Lexikon“ ab Seite 121.

Ein guter Ausgangspunkt, um sich mit den hier aufgeführten Örtlichkeiten noch näher zu beschäftigen, bietet das vom Förderverein Kulturstadt Potsdam („Kulturstadt Potsdam e.V.“) im Internet eingerichtete „Potsdam-Wiki“ (potsdam-wiki.de) sowie auch die „Liste der Baudenkmale in Potsdam“ (de.wikipedia.org) mit zahlreichen Links auf einschlägige Wikipedia-Artikel. Das „Kleine Potsdam-Lexikon“ auf den Seiten 121 bis 141 basiert ganz wesentlich auf den dort zusammengetragenen Informationen.

Auf der Website des Verlags (verlag.cbloess.de) finden Sie neben weiterführenden Links auch Landkarten bzw. Stadtpläne, um die vom Autor erwähnten Bauten, Straßen und Plätze lokalisieren zu können.

Das fünfte und letzte Verzeichnis führt alle in diesem Buch erwähnten Personen auf, jeweils mit Geburts- und Sterbejahr sowie einer kurzen Tätigkeitsbeschreibung. Dabei sind manche Namen im Text nur adjektivisch aufgeführt oder ergeben sich nur aus Anspielungen. Man beachte, dass die Namensschreibungen im Text von denen im Personenverzeichnis abweichen können.

Bauten

Straßen und Plätze

Park und Schloss Sanssouci

Sonstige Örtlichkeiten

Personen

Abbildungen

Die Erstausgabe des „Spaziergangs“ enthielt neben zahlreichen Zeichnungen von Paul Scheurich insgesamt 16 Fotos aus der Stadt Potsdam und vom Park Sanssouci (zusätzlich eine Luftaufnahme der Aero Lloyd Luftbild GmbH) sowie einige Detailaufnahmen von Fassaden und Skulpturen (Abb. 1 greift dies auf). Im folgenden finden Sie eine Gegenüberstellung dieser 16 historischen Fotos eines unbekannten Fotografen mit aktuellen Fotos von jeweils demselben Standort (soweit dies möglich war), die teils geringfügige, teils bedeutsame Unterschiede aufweisen.

Da die heutige „Lange Brücke“ etwas südlicher als die historische „Kaiser-Wilhelm-Brücke“ liegt und obendrein die Südspitze der Freundschaftsinsel zwischenzeitlich „gekappt“ zu sein scheint, konnte die aktuelle Abb. 3 nicht wie ursprünglich von der Freundschaftsinsel aus aufgenommen werden, sondern nur vom gegenüberliegenden Havelufer.

Der Standort der Ruine des historischen Plögerschen Gasthofs (Abb. 6) liegt nunmehr mitten auf der Friedrich-Ebert-Straße (ehem. Hohewegstraße), die um 1960 zugunsten der Errichtung eines neuen sozialistischen Zentrums für Potsdam neu gegliedert worden war.

Abb. 8 und 9 weisen im wesentlichen unterschiedliche Geschosshöhen für das Eckhaus am linken Ausläufer der Brandenburger Straße auf.

Abb. 10 und 11 dokumentieren den Verlust an Fließgewässer bzw. den Zugewinn an Autoparkplätzen in Potsdam.

Abb. 13 demonstriert den gänzlichen Verlust von Alt-Potsdam am Havelarm „Alte Fahrt“.

Aus den aktuellen Varianten für die historischen Abb. 14 und 24 lässt sich ablesen, dass auch das Inventar des Parks Sanssouci die Zeitläufte, die sich größenordnungsmäßig über ein Jahrhundert erstrecken, nicht unbeschadet überstanden hat.

Abb. 6 und 12 zeigen beispielhaft den massiven Verlust historischer Bausubstanz insbesondere infolge des Luftangriffs in der Nacht vom 14. auf den 15. April 1945, aber auch infolge des sinn- und aussichtslosen Versuchs, die Einnahme der Stadt durch die Rote Armee zu verhindern. Abb. 1 auf Seite 40 erinnert an vergessene Opfer des barbarischen Griffs Deutschlands nach der Weltmacht.

Abbildung 2: Stadtschloss mit Kolonnaden zum Lustgarten und Kaiser-Wilhelm-Brücke, von der Südspitze der Freundschaftsinsel aus aufgenommen.

Abbildung 3: Nachbau des Stadtschlosses mit der Langen Brücke, vom gegenüberliegenden Havelufer aufgenommen (Fotografie von Christian Blöss am 27.7.2013).

Abbildung 4: Französische Kirche.

Abbildung 5: Französische Kirche (Fotografie von Christian Blöss am 23.8.2013).

Abbildung 6: Plögerscher Gasthof in der Schloßstraße 7, an der Ecke Hohewegstraße (heute Friedrich-Ebert-Straße).

Abbildung 7: Die ehemalige Kreuzung Schloßstraße / Hohewegstraße liegt auf dem von Autos befahrbaren Teil der heutigen Friedrich-Ebert-Straße (Fotografie von Christian Blöss am 9.2.2014).

Abbildung 8: Brandenburger Tor am Luisenplatz.

Abbildung 9: Brandenburger Tor am Luisenplatz, auch hier mit Blick auf den Campanile der Kirche St. Peter und Paul am Ende der Brandenburger Straße (Fotografie von Christian Blöss am 23.8.2013).

Abbildung 10: Auf der Kellertorbrücke über den Stadtkanal mit Blick auf die Berliner Brücke. Im Rücken des Fotografen befindet sich das Kellertor.

Abbildung 11: Auf der Heilig-Geist-Straße mit Blick auf das alte Bett des zugeschütteten Stadtkanals (Fotografie von Christian Blöss am 23.8.2013).

Abbildung 12: Alt-Potsdam am Havelarm „Alte Fahrt", der die Freundschaftsinsel (Standort des Fotografen) von der Innenstadt trennt.

Abbildung 13: Blick auf das nach dem Krieg komplett neu bebaute Areal zwischen Burgstraße und „Alter Fahrt" (Fotografie von Christian Blöss am 23.8.2013).

Abbildung 14: Südlicher Eingang zum Park Sanssouci, der unmittelbar auf die Sichtachse des Schlosses führt.

Abbildung 15: Schloss Sanssouci Gartenseite (Stiftung Preußische Schlösser und Gärten Berlin-Brandenburg, Fotografie von Kathrein Allenberg am 7.12.2013).

Abbildung 16: Gartenseite des Neues Palais, mit dem südlichen Seitenflügel („Friedrichswohnung") im Vordergrund.

Abbildung 17: Neues Palais (Stiftung Preußische Schlösser und Gärten Berlin-Brandenburg, Fotografie von Christian Blöss am 27.7.2013).

Abbildung 18: Grottensaal im Neuen Palais.

Abbildung 19: Grottensaal im Neuen Palais, eingesehen anlässlich der „Potsdamer Schlössernacht" am 18.8.2001 (Stiftung Preußische Schlösser und Gärten Berlin-Brandenburg, Fotografie von Christian Blöss).

Abbildung 20: Friedenskirche am Friedensteich im Marlygarten.

Abbildung 21: Friedenskirche (Stiftung Preußische Schlösser und Gärten Berlin-Brandenburg, Fotografie von Christian Blöss am 27.7.2013).

Abbildung 22: Putten vor der Bildergalerie (welche nach Restaurierung ab 2014 wieder am alten Standort zu sehen sein sollen).

Abbildung 23: Putten vor der Bildergalerie (Stiftung Preußische Schlösser und Gärten Berlin-Brandenburg, Fotografie von Christian Blöss am am 27.7.2013).

Abbildung 24: Blick auf Neue Kammern und Mühle.

Abbildung 25: Blick auf Neue Kammern und Mühle (Stiftung Preußische Schlösser und Gärten Berlin-Brandenburg, Fotografie von Kathrein Allenberg am 7.12.2013).

Abbildung 26: Chinesisches Haus – für den Autor stets das „Japanische Haus".

Abbildung 27: Chinesisches Haus (Stiftung Preußische Schlösser und Gärten Berlin-Brandenburg, Fotografie von Kathrein Allenberg am 7.12.2013).

Abbildung 28: Römische Bäder mit dem ehemaligen Maschinenteich.

Abbildung 29: Römische Bäder (Stiftung Preußische Schlösser und Gärten Berlin-Brandenburg, Fotografie von Christian Blöss am 27.7.2013).

Abbildung 30: Schloss Charlottenhof.

Abbildung 31: Schloss Charlottenhof (Stiftung Preußische Schlösser und Gärten Berlin-Brandenburg, Fotografie von Christian Blöss am 27.7.2013).

Abbildung 32: Freundschaftstempel südlich der Hauptallee nahe dem Neuen Palais.

Abbildung 33: Freundschaftstempel (Stiftung Preußische Schlösser und Gärten Berlin-Brandenburg, Fotografie von Christian Blöss am 23.8.2013).

Kleines Potsdam-Lexikon

A

Dieses Kapitel beschreibt in alphabetischer Reihenfolge nahezu alle Bauten und Einrichtungen, denen sich der Autor während seines Spaziergangs in Potsdam widmet. Und wenn dieser in der Einleitung auch weit von sich weist, „von irgendeiner Sache besonders viel zu verstehen“, so dürfen die hier versammelten Stichworte getrost als solide Basis auch für ein „Großes Potsdam-Lexikon“ betrachtet werden.

Acht-Ecken-Häuser
Für die Kreuzung von Hohewegstraße (heute Friedrich-Ebert-Straße) und Schwertfegerstraße wurde in den Jahren 1771 bis 1773 von Carl von Gontard vier Wohnhäuser entworfen, deren Fassadenspitzen so zurückgesetzt wurden, dass jeweils zwei Ecken statt nur einer entstanden. Von den vier Eckhäusern ist heute nur noch eines erhalten.

Alte Post
Die Alte Post wurde im Jahr 1783 an der Nauener Brücke, die die Nauener Straße über den ⇧Stadtkanal in die Hohewegstraße (heute beide Friedrich-Ebert-Straße) überführt, von Georg Christian Unger als dreigeschossiger Bürgerpalast errichtet. Über dessen Dachgeschoss erhoben sich vier Skulpturen als Sinnbilder der Kontinente Europa, Asien, Afrika und Amerika. Die Existenz Australiens war zwar schon seit dem frühen 17. Jahrhundert bekannt, doch wurde der Kontinent erst ab 1770 kartografiert und als britische Kolonie New South Wales von James Cook für die englische Krone in Besitz genommen. Als 1900 auf der gegenüberliegenden Seite vom Wilhelmplatz (heute Platz der Einheit) die Potsdamer Hauptpost eröffnete, erhielt die Post an der Nauener Brücke den Beinamen „Alte Post“. Das Gebäude wurde infolge des Luftangriffs in der Nacht vom 14. auf den 15. April 1945 zerstört.

Altes Rathaus
Im Zuge der Umgestaltung des Geländes vor dem ⇧Stadtschloß und am angrenzenden Alten Markt durch Friedrich II. wurde 1753 an der Stelle des Vorgängerbaus von 1720 ein Rathaus von Jan Bouman errichtet. Seine Schaufassade war von acht korinthischen Säulen und einer Kuppel mit dem Titanen Atlas als krönendem Abschluss geprägt. Gemeinsam mit dem direkt anschließenden ⇧Windelbandschen und dem darauffolgenden ⇧Knobelsdorffschen Haus gestaltete es die Ostseite des Alten Marktes. Die im Zuge der Stein-Hardenberg'schen Reformen erstmals 1809 gewählten Stadtverordneten benutzten das Alte Rathaus ab 1875 für ihre Sitzungen, machten durch Umzug in das ⇧Palais Barberini wiederum Platz für die Stadtverwaltung und deren Stadtkasse, wobei einzelne Bereiche im Turm für „Polizei-, Straf- und Schuldgefangene“ genutzt wurde. Das Alte Rathaus wurde infolge des Luftangriffs in der Nacht vom 14. auf den 15. April 1945 so schwer beschädigt, dass es – zum Zwecke eines anschließenden Wiederaufbaus – mit Ausnahme des vorderen Treppenhauses und der sich darüber befindlichen Kuppel mit unbeschädigtem Atlas ab 1960 abgerissen wurde. Seit 2012 hat das Potsdam-Museum gemeinsam mit dem Potsdam-Forum seinen Sitz im Alten Rathaus.

Antikentempel im Park Sanssouci
Der Antikentempel findet sich nördlich der Hauptallee nahe des ⇧Neuen Palais. Seine Gegenstück südlich der Hauptallee ist der ⇧Freundschaftstempel. Er wurde zwischen 1768 und 1769 von Carl von Gontard als Museumsbau in Form eines Rundtempels zur Aufbewahrung der friderizianischen Sammlung antiker Kunstgegenstände, Münzen und Gemmen geschaffen. Die Münzen- und Gemmensammlung ließ Friedrich Wilhelm III. 1798 in das Antikenkabinett des Berliner Stadtschlosses überführen. Die Kunstgegenstände gingen dagegen infolge der französischen Besetzung ab 1806 als Beutegut nach Frankreich (sie kehrten 1815 zurück und wurden schließlich dem 1830 eröffneten Alten Museum in Berlin zugeführt). Der nunmehr leer stehende Antikentempel wurde in eine Gedenkstätte für die am 19. Juli 1810 verstorbene Königin Luise umgestaltet. Schließlich wurde Kaiserin Auguste Viktoria, ihrem Wunsch entsprechend, am 19. April 1921 im Antikentempel beigesetzt, der noch für weitere vier Mitglieder des Hauses Hohenzollern zur letzten Ruhestätte werden sollte.

Bahnhof
Am 29. Oktober 1838 ging die Bahnstrecke Berlin-Potsdam und damit auch der erste Bahnhof in Potsdam mit öffentlichem Vergnügungslokal und großer Terrasse sowie einem großen Stall für Pferde und Abstellmöglichkeiten für Kutschen in Betrieb. Er blieb bis zum Mauerbau der zentrale Bahnhof Potsdams. Zehn Jahre nach dem Mauerfall wurde auf dem alten Bahnhofsgelände an der Havel, welches nicht nur das alte Empfangsgebäude, sondern auch einen Güterbahnhof und ein Reichsbahnausbesserungswerk umfasste, der heutige Potsdamer Hauptbahnhof errichtet.

Bassin
Um das sumpfige Gelände nördlich der Charlottenstraße im Zuge der Zweiten Stadterweiterung (⇧Stadtmauer) trockenzulegen, wurde südlich des Areals des neu angelegten Holländischen Viertels ein Sammelbecken angelegt. In ihm lief das aus dem Baugelände abgezogene Wasser zusammen und sollte durch einen unterirdischen Abzugkanal in den ⇧Stadtkanal abfließen. Einen ständigen Zufluss versprach man sich von dem schiffbaren Verbindungsgraben (Behlertgraben) zum Heiligen See, der bis heute über den Hasengraben mit dem Jungfernsee bzw. mit der Havel verbunden ist und vor allem dem Transport von Baumaterial diente. Da die Wasserzirkulation unzureichend blieb, entwickelte sich das Bassin besonders im Sommer zu einer Quelle unangenehmen Geruchs und zu einem potentiellen Herd von Krankheitserregern. Deshalb wurde das Becken 1835 verkleinert und schließlich zwischen 1871 bis 1876 endgültig zugeschüttet. Dasselbe Schicksal sollte rund 90 Jahre den offenen Stadtkanal ereilen, der vermehrt auch als Abwasserkanal beansprucht worden war. In der Mitte des steinern eingefassten Bassins gab es eine Insel, auf der der Architekt Jan Bouman 1739 einen kleinen Pavillon errichtet hatte, die Gloriette, an dessen Stelle dann nach Ende des Zweiten Weltkrieges ein sowjetischer Soldatenfriedhof errichtet wurde.

Belvedere auf dem Brauhausberg
⇧Königlich-Preußische-Kriegsschule.

Belvedere auf dem Klausberg
Nach Vollendung des ⇧Neuen Palais und seiner Nebengebäude, den Communs, im Jahr 1769 wurde in den darauffolgenden Jahren von Georg Christian Unger auf dem ⇧Klausberg am nordwestlichen Rand des ⇧Park Sanssouci ein Belvedere errichtet. Es bot nicht nur einen unmittelbaren Ausblick auf den Park, sondern auch eine Rundsicht über Potsdam samt seines hügel- und seenreichen Umlands.

Belvedere auf dem Pfingstberg
Ursprünglich wollte Friedrich Wilhelm IV. auf dem Pfingstberg, der sich rund einen Kilometer Fußweg vom nördlichen Ausgang des Neuen Gartens an der Meierei entfernt befindet, einen Nachbau der römischen Villa Caprarola errichten. Schließlich wurde es eine Doppelturmanlage mit Wasserbecken, die nach dem Zweiten Weltkrieg zunehmend verfiel und ab 1990 durch Betreiben des „Fördervereins Pfingstberg e.V." zu neuem Leben als Belvedere erweckt werden konnte.

Berliner Tor
Im Zuge der Zweiten Stadterweiterung (⇧Stadtmauer) wurde das Berliner Tor von der Einmündung der Charlottenstraße in die Berliner Straße um 100 Meter nordwärts zur Türkstraße verschoben und nunmehr als Triumphbogen mit stadtseitigem Wach- und Zollhaus gestaltet. Durchgänge für die Fußgänger kamen erst in der Mitte des 19. Jahrhunderts hinzu. Im Jahr 1901 wurde das Tor nochmals um 15 Meter versetzt, damit der zunehmende Straßenverkehr das Tor umrunden konnte. Auf dem Areal zwischen dem Berliner Tor und der 2 Kilometer nordwärts gelegenen ⇧Glienicker Brücke über die Havel entwickelte sich die Berliner Vorstadt.

Bildergalerie im Park Sanssouci
Die Bildergalerie im Park Sanssouci wurde in den Jahren 1755-1764 östlich des Schlosses – an der Stelle eines Gewächshauses für tropische Früchte – für die Gemälde-Sammlung Friedrich II. erbaut. Es entstand ein langgezogenes, eingeschossiges Gebäude, dessen Mittelteil durch eine Kuppel betont wurde. Wie beim Bau des ⇧Chinesischen Hauses kam es zu der langen Bauzeit durch den Siebenjährigen Krieg. Die Bildergalerie ist der älteste erhaltene fürstliche Museumsbau in Deutschland.

Brandenburger Tor (Abb. 8)
Als Zeichen des Sieges im Siebenjährigen Krieg ließ Friedrich II. das Tor an der Straße nach Brandenburg durch einen Triumphbogen nach dem Vorbild des Konstantinsbogen in Rom ersetzen, das Brandenburger Tor, das seit dem Abbruch der ⇧Stadtmauer um 1900 ein freistehendes Bauwerk ist.

Breite Brücke
Heinrich Ludwig Manger ersetzte 1765 die hölzerne Brücke über den südwärts der Havel zustrebenden Stadtkanal in der Breiten Straße Ecke Dortustraße durch eine steinerne Konstruktion, die nachts von sechs Laternen beleuchtet werden konnte. Als die Breite Brücke 1970 infolge der Zuschüttung des ⇧Stadtkanals abgetragen wurde, wanderten die Lampenträger zum Insel-Cafe auf der Freundschaftsinsel und schließlich ins Depot des ⇧Stadtmuseums.

Brockessches Haus (Oberrechnungskammer)
In der Yorckstraße (ehem. Am Kanal) 19-20 wurde 1770 nach Entwürfen des Architekten Carl von Gontard ein Haus für den Glasschleifer Brockes gebaut. Hinter der palastartigen, durch Risalite gegliederten und mit Stuck und Skulpturen verzierten Fassade verbirgt sich ein einfaches Bürgerhaus, auf dessen Hof sich die Werkstätten des Glasschleifers befanden. Hier wurde insbesondere der Behang für große Kronleuchter geschliffen, die bei Hofe sehr beliebt waren. Nach dem Tod Brockes zog die preußische Oberrechnungskammer 1817 in das Gebäude ein. Ab dem Jahr 1945 befand sich hier die Antragsstelle für Telefone der Deutschen Post (DDR). Aktuell steht das Gebäude leer und soll verkauft werden.

Charlottenhof im Park Sanssouci (Abb. 30)
Der Park des Schlosses Charlottenhof grenzt an die Nordseite der Brandenburger Vorstadt und bildet gleichzeitig den südlich der Hauptallee liegenden Teil des heutigen ⇧Park Sanssouci. Das Schloss wurde im klassizistischen Stil, nach dem Vorbild römischer Villen, zwischen 1826 und 1829 von Schinkel und seinem Schüler Persius auf den Grundmauern eines bereits vorhandenen Gutshauses errichtet. Es diente dem Kronprinzen Friedrich Wilhelm (1795-1861, ab 1840 König Friedrich Wilhelm IV. von Preußen) und seiner Frau Elisabeth Ludovika von Bayern als Sommersitz. Der Park entstand in einem stellenweise sumpfigen Gelände als englischer Landschaftsgarten, für dessen Bewässerung eine eigene Wasserleitung zur Havel und ein eigenes Maschinenhaus gebaut wurde.

Chinesisches Haus im Park Sanssouci (Abb. 26)
Das Chinesische Teehaus diente der Ausschmückung des Zier- und Nutzgartens der Parkanlage am Ökonomieweg. Es entstand von 1755 bis 1764 nach dem kleeblattförmigen Grundriss eines 1738 erbauten Gartenpavillons im Schlosspark von Lunéville, das 30 Kilometer von Nancy entfernt gelegen ist. Der Bau des Pavillons im Zeitgeschmack der Chinoiserie war lange Jahre durch den Siebenjährigen Krieg unterbrochen worden. Das Gebäude wird durch sein zeltartiges Kupferdach, das von vergoldeten Säulen getragen wird, und durch zahlreiche vergoldete Sandsteinplastiken bestimmt und ist heute eines der bekanntesten Sehenswürdigkeiten des Parks.

Dampfmaschinenhaus („Moschee") für den Park Sanssouci
Im Jahre 1685 war an der Seine die damals größte Wasserkraftanlage der Welt in Betrieb genommen worden, um das Schloss Marly und die Wasserfontänen des Versailler Schlossparks zu versorgen. Entsprechende Experimente unter Friedrich II., die Große ⇧Fontäne im ⇧Park Sanssouci über das Wasserbecken auf dem ⇧Ruinenberg zu speisen, scheiterten dagegen und wurden 1780 endgültig eingestellt. Erst mit der 1842 installierten dampfmaschinengetriebenen Pumpe im Dampfmaschinenhaus in der Neustädter Havelbucht konnten die Wasserspiele im Park Sanssouci erfolgreich in Betrieb genommen und zugleich die Pflanzungen sowie die Gewächshäuser im Park Sanssouci mit einem weitverzweigten Rohrsystem bewässert werden.

Drachenhaus im Park Sanssouci
Das Drachenhaus liegt am Nordrand des ⇧Park Sanssouci, der vom Bornstedter Höhenzug bestimmt wird. Es entstand von 1770 bis 1772 nach dem Vorbild der mehrgeschossigen Ta-Ho-Pagode in der Nähe der südchinesischen Stadt Guangzhou, an deren geschwungene Dächer sechzehn vergoldete Drachen und Quasten – dem Vorbild einer von Sir William Chambers entworfenen Pagode in Kew Gardens folgend – angebracht waren. Nach dem sechs Jahre älteren Chinesischen Teehaus war es das zweite Gebäude der Parkanlage, das im Stil der Chinoiserie errichtet wurde. Das auf einem oktogonalen Grundriss beruhende Drachenhaus reduzierte Gontard auf vier Geschosse, die sich nach oben verjüngten und teilweise Wohnzwecken dienen sollten. Die originalen Drachen mussten 1904 bei Restaurierungsarbeiten durch Kopien ersetzt werden.

Exerzierplatz vor dem Stadtschloss
Der südwärts gewandten Fassade des Hauptflügels des ⇧Stadtschlosses schloss sich ein Broderieparterre an, das von der Havel durch das ⇧Hafenbecken, ein angrenzendes „Lustwäldchen" (Boskett) und einem weiter westlich gelegenen Nutzgarten getrennt war. 1714 ließ der Soldatenkönig Friedrich Wilhelm I. das Broderieparterre als sandbestreuten ⇧Exerzierplatz einebnen. In diesem Zusammenhang wurden auch Bäume abgeholzt, wodurch das Stadtschloß für die

aus dem Süden Anreisenden schon von Weitem sichtbar wurde. Georg Wenzeslaus von Knobelsdorff gab dem Exerzierplatz 1745/46 durch Errichtung zweier ⇧Kolonnaden einen blickdurchlässigen Abschluss zur nördlich angrenzenden Stadt und zur östlich vorbeiströmenden Havel.

Fahnentreppe am Stadtschloss
Am Übergang des Hauptflügels des ⇧Stadtschlosses zum westlichen Seitenflügel befand sich eine Stufentreppe mit vergoldetem Geländer und Zwischenpodest, die zur Fahnenkammer führte. An dem Treppenaufbau befand sich eine Nische mit einer Flussgöttin von Johann August Nahl. Der Name „Engeltreppe" erklärt sich womöglich aus den neun Putten, die den Treppenlauf säumten. Heute kann man von der dem alten Verlauf nachgebildeten Treppe am Nachbau des Stadtschlosses über die von der ⇧Langen Brücke kommende Magistrale hinweg in die Breite Straße hinein schauen.

Fontäne, Große, im Park Sanssouci
Im Broderieparterre des Schlosses Sanssouci entstand ab 1745 ein Ziergarten im barocken Stil, in dessen Mitte und auf der Sichtachse ein Brunnenbecken in Vierpass-Form mit der „Großen Fontäne" angelegt wurde. Zwölf marmorne Götterfiguren und allegorische Darstellungen der vier Elemente, die das Wasserbassin umsäumten, bildeten das „Französische Rondell".

Fortunaportal am Stadtschloss
Das Fortunaportal des ⇧Stadtschlosses wurde anlässlich der Selbstkrönung Friedrich I. im Jahre 1701 von dem holländischen Architekten Jean de Bodt entworfen. Während sein Torbogen von der Schicksalsgöttin und Wohlfahrt bringenden Fortuna gekrönt wird, zeigen die beiden Schlusssteine des Torbogens die Köpfe von Herkules (Heros) und Minerva (u.a. Göttin der Weisheit und der taktischen Kriegsführung). Das Bauwerk war nicht nur als Zeichen für die gestärkte Rolle Brandenburg-Preußens unter den deutschen Fürstentürmern gedacht, sondern auch als Sinnbild für die Abhängigkeit der öffentlichen Wohlfahrt von einer klugen und zugleich wehrhaften Politik. Bei allen folgenden Umbauten des Schlosses blieb es stets unverändert integriert. Bei dem Luftangriff in der Nacht vom 14. auf den 15. April 1945 wurde das Fortunaportal schwer beschädigt, war aber noch in seinen Grundmauern erhalten. 1959/1960 wurde es zusammen mit dem gesamten Komplex des Stadtschlosses gesprengt. Vom ursprünglichen Fortunaportal wurden nur sehr wenige originale Teile gerettet. Dazu gehörte der steinerne Kopf der Minerva. Im Jahr 2001 konnte auf Initiative des Fernsehmoderators Günther Jauch das Fortunaportal auf dem Alten Markt als erster Teil des später beschlossenen Nachbaus des Stadtschlosses wieder aufgebaut werden.

Französische Kirche (Abb. 4)
Siebenundsechzig Jahre nach Erlass des Edikts von Potsdam (1685) erhielt die wachsende französisch-reformierte Gemeinde Potsdams am südöstlichen Rand des heutigen ⇧Bassinplatzes einen turmlosen, dem Pantheon in Rom nachempfunden *Temple*. Während er den Luftangriff in der Nacht vom 14. auf den 15 April 1945 nahezu unversehrt überstand, musste er Mitte der 1960er Jahre wegen Baufälligkeit gesperrt werden, und wurde dann seit 1990 schrittweise wiederhergestellt.

Freundschaftstempel im Park Sanssouci (Abb. 32)
Der Freundschaftstempel, zwischen 1768 und 1770 von Carl von Gontard als Monopteros geschaffen, findet sich südlich der Hauptallee nahe des ⇧Neuen Palais. Seine Gegenstück nördlich der Hauptallee ist der ⇧Antikentempel. Friedrich II. ließ ihn in Anlehnung an den Apollotempel im Amaltheagarten in Neuruppin zum Andenken an seine 1758 verstorbene Schwester Wilhelmine von Bayreuth errichten. Das Dach wird von acht Säulen getragen, die mit

Medaillen antiker Persönlichkeiten belegt sind, deren Freundschaft durch die paarweise Anordnung zum Ausdruck kommen soll. Der Tempel überdacht eine überlebensgroße Sitzstatue von Wilhelmine, deren nackter Fuß auf einem vierbeinigen Schemel ruht und nach dem Vorbild antiker Götterstatuen zur Verehrung einlädt.

Friedenskirche im Marly-Garten von Sanssouci (Abb. 20)
Unter Friedrich Wilhelm IV. Entstanden – jeweils nach Plänen des Hofarchitekten Ludwig Persius – die Sacrower Heilandskirche an der Havel (Baubeginn 1841) und die Friedenskirche im Marly-Garten (Grundsteinlegung 1845) beim ⇧Grünen Gitter des ⇧Park Sanssouci. Beide Kirchen waren als Basiliken mit freistehendem Glockenturm angelegt und damit Sakralbauten nachempfunden, die von den frühchristlichen Gemeinden aus Markt- und Gerichtshallen umgestaltet worden sind. Die Apsis der Friedenskirche wurde durch ein venezianisches Mosaik aus dem ersten Drittel des 13. Jahrhunderts ausgekleidet, das sich ursprünglich in einer zum Abbruch bestimmten Kirche auf Murano bei Venedig befand und von Friedrich Wilhelm ersteigert worden war. Vor den Stufen zum Altarraum sind zwei Marmortafeln eingelassen, unter denen sich die Gruft Friedrich Wilhelms IV. und seiner Frau befindet. Im Atrium vor dem Portal steht eine überlebensgroße Christusstatue als Kopie des 1821 von Bertel Thorvaldsen geschaffenen marmornen Originals, das in der Kopenhagener Frauenkirche steht. Eine Marmorgruppe im Arkadengang des Atriums ist das letzte Werk des Bildhauers Christian Daniel Rauch. Es zeigt Moses im Gebet, gestützt von den Hohepriestern Aaron und Hur.

Garnisonkirche
Die schlicht gehaltene, 1722 fertiggestellte Kirche des preußischen Hofstaats und Militärs stand an der Breiten Straße Ecke Waisenstraße (heute Dortustraße). Dabei überragte sein Glockenturm alle anderen Bauten der Stadt. Hier fand am 21. März 1933 der Festakt zur konstituierenden Sitzung des Reichstages statt, der dem Kabinett Hitler drei Tage später gesetzgeberische Vollmachten jenseits der Verfassung und bar jeder parlamentarischen Kontrolle überließ. Die Garnisonkirche brannte infolge des Luftangriffs in der Nacht vom 14. auf den 15. April 1945 aus und wurde 1968 endgültig abgerissen. 60 Jahre nach der „Potsdamer Nacht" wurde unter Massenprotesten der Grundstein für einen Wiederaufbau der Garnisonkirche gelegt.

Gärtnerhäuser nahe des Eingangs zum Park Sanssouci in der Lennéstraße
Unterhalb des Weinbergs von ⇧Schloss Sanssouci wurden auf dessen Sichtachse 1751-1752 Gärtnerhäuser vom Architekten Knobelsdorff errichtet.

Gewehrfabrik
Ab 1718 entstanden am ⇧Stadtkanal mehrere eingeschossige Fachwerkhäuser, in denen die „Königliche Preußische Gewehrfabrique" untergebracht wurde, die zu einem der größten Industrieunternehmen des 18. Jahrhunderts heranwachsen sollte. 1755 entstand dann direkt an der Breiten Straße das steinerne Direktionsgebäude, das wegen seiner Verzierung mit skelettierten Widderköpfen „Ochsenkopfhaus" genannt wurde. Die Gebäude der Gewehrfabrik wurden bis 1865 zu Kasernen umgebaut und im Zweiten Weltkrieg weitgehend zerstört.

Glienicker Brücke
Bei der Anreise nach Potsdam über die Königstraße (heute die Bundesstraße B1) aus Richtung Berlin musste die Havel am Übergang vom Jungfernsee in den Tiefen See überquert werden. Ursprünglich nur dem Adel vorbehalten, wurde sie 1754 für die Postverbindung zwischen Berlin und Potsdam und schließlich auch für den allgemeinen Kutschverkehr geöffnet. Der zunehmende Verkehr führte wiederholt zu Brückenneubauten, zuletzt 1907, weil der Schiffsverkehr durch den 1906 eröffneten Teltow-Kanal endlich ohne Aufklappen einer Zug-

brücke passieren sollte. Von der Brücke erblickt man neben der Heilandskirche in Sacrow das Babelsberger Schloss, das Jagdschloss Glienicke und das Schloss Glienicke. Ihre weltweite Bekanntheit verdankt die Glienicker Brücke den drei zwischen 1962 und 1986 vorgenommenen Austauschen von Agenten und Inhaftierten.

Gloriette
⇧Bassin

Grüne Brücke
Die Grüne Brücke verband die Französische Straße mit der Grünstraße über den ⇧Stadtkanal. Sie wurde letztmalig 1847 erneuert und dabei etwas aus der Flucht der beiden Straßen gerückt. Die Brüstung bestand aus roten, lückenhaft gemauerten Ziegeln.

Grüne Treppe am Stadtschloss
Zwischen 1698 und 1701 wurde eine für Kutschen geeignete Auffahrt zum Hauptflügel des ⇧Stadtschlosses erbaut. Diese stellte die bisher fehlende Verbindung vom Marmorsaal, dem Zentrum des Hauptflügels, in das „Broderieparterre" her, dessen durchstrukturierte Anpflanzungen sich von der Havel bis zur westlichen Stadtgrenze erstreckte und dann 1714 vom Soldatenkönig Friedrich Wilhelm I. zu einem ⇧Exerzierplatz eingeebnet wurde. Georg Franz Ebenhech schuf vier Gruppen von Lampenträgern für die Rampenempore und vier Sphingen mit Putten am Fuße der beiden Auf- bzw. Abfahrten. Die Rampen wurden später wegen ihres Rasenbelags auch „Grüne Treppe" genannt.

F-H

Grünes Gitter am Park Sanssouci
Das „Grüne Gitter" bezeichnet den Haupteingang zum ⇧Park Sanssouci, den man vom Luisenplatz (mit dem ⇧Brandenburger Tor) aus über die nordwestwärts abgehende „Allee nach Sanssouci" erreicht. Das entsprechende Tor im Grünen Gitter entstand 1854 in Zusammenhang mit dem Bau der ⇧Friedenskirche. Der Name leitet sich von der Farbe ab, mit der das Gitter angestrichen ist. Als zusätzliche Verzierung sind einzelne Streben und Spitzen mit Blattgold versehen. Weiterhin trägt das Eisengitter die Initialen Friedrich Wilhelm IV., welches sich als Parkbegrenzung südlich der Allee „Am Grünen Gitter" bis zur Sichtachse des Schlosses erstreckt.

Hafenbecken beim Stadtschloss
⇧Neptunbassin

Heiliggeistkirche
Am Standort der ehemaligen slawischen Burg Poztupimi (Burgstraße Ecke Große Fischerstraße) wurde 1726 bis 1728 die Heiliggeistkirche als Simultankirche für Reformierte und Lutheraner von Pierre de Gayette errichtet. An der der Havel zugewandten Seite des Kirchenschiffs, das nur durch Mauerblenden gegliedert war, fanden sich Halteringe zum Festmachen von Schiffen. Wenig später wurde die Kirche nach Plänen von Johann Friedrich Grael um einen 87 Meter hohen, quadratischen Turm ergänzt, der mit den Türmen der ⇧Nikolaikirche und der ⇧Garnisonkirche auf einer Achse liegt und so den „Potsdamer Drei-Kirchen-Blick" mitbegründete. Die Kirche brannte zum Ende des Zweiten Weltkrieges bei den letzten Kämpfen um die Stadt bis auf die Grundmauern nieder.

Hiller-Brandt'sche Häuser
In der Breiten Straße 8-12 entstanden 1769 auf Kosten Friedrich II. zwei viergeschossige Bürgerhäuser mit kunstvollen Fassaden, die vom Kaufmann Johann Friedrich Hiller und vom Schneidermeister Johann Gebhardt Brandt genutzt wurden, während der dreigeschossige Mittelgang zwischen ihnen für Soldaten der Garnisonsstadt reserviert war. Auch aufgrund des Erfolges dieser „Hiller-Brandt'schen Häuser" wurde ihr Architekt Unger noch an vielen weiteren Bauten in Potsdam beteiligt.

Hofgärtnerei und Paradiesgarten im Park Sanssouci
Die von West nach Ost verlaufende Maulbeerallee am Nordrand des Parks trennt die südlich gelegene ehemalige Hofgärtnerei von Sanssouci unterhalb des Orangerieschlosses vom nördlich gelegenen „Italienischen Fruchtgarten" bzw. Paradiesgarten. Das Gelände diente seit jeher der Kultivierung heimischer und vor allem südländischer Früchte und Gemüsesorten für die königliche Tafel und den Verkauf durch die Hofgärtner sowie dem Anbau von Blumen zur Ausschmückung der Schlossanlage. Der Paradiesgarten (auch Paradiesgärtlein oder Paradeisgärtl) wurde als Nutzgarten in der Art eines italienischen Gartens entworfen, den Hofgärtner Hermann Sello zwischen 1841 und 1845 anlegte. 1950 ging die ehemalige Hofgärtnerei und der Paradiesgarten als Botanischer Garten an die 1948 gegründete „Brandenburgische Pädagogische Hochschule".

Hotel „Zum Einsiedler"
Friedrich Wilhelm I. verschenkte das 1724 erbaute Wartenbergsche Haus in der Schoßstraße 8 – einschließlich Nebengebäuden und einer Brau- und Schankgerechtigkeit – an seinen Hauptmann Gottfried Emanuel von Einsiedel, der das Haus zu einem Hotel umbauen ließ. Sein Nachfolger als Gastwirt wurde der Bildhauer Johann Peter Benkert, der dem Gasthof den Namen „Zum Einsiedler" gab. In den Gründerjahren entwickelte sich der Gasthof zum angesehenen Grand-Hotel, das insbesondere für die Ausrichtung großer Hochzeitsgesellschaften einen Namen hatte. Es wurde durch den Luftangriff in der Nacht vom 14. auf den 15. April 1945 völlig zerstört. Nur das historische Gasthausschild Benkerts konnte aus den Trümmern geborgen werden.

Japanisches Haus
⇧Chinesisches Haus

Jägertor
Die mit der zweiten Stadterweiterung nach außen verschobene ⇧Stadtmauer kreuzte die nordwärts gehende Lindenstraße und bot mit dem Jägertor von 1733 einen Durchlass für die zivile Bevölkerung, eine Zollstation für den Warenverkehr und einen Kontrollpunkt für Soldaten. Seinen Namen erhielt das Jägertor nach dem kurfürstlichen Jägerhof, der hier vor der Stadt lag.

Kaiser Wilhelm I. Denkmal
Das Denkmal von Ernst Herter wurde in Gegenwart Kaiser Wilhelms II. am 11. April 1901 auf der Freundschaftsinsel an der ⇧Langen Brücke enthüllt. Das Denkmal überstand den Zweiten Weltkrieg und wurde danach alsbald demontiert und verschrottet.

Kaiser-Wilhelm-Brücke
⇧Lange Brücke

Kellertor und Kellertorbrücke (Abb. 10)
Schiffe, die an der Großen Fischerstraße von der Havel in den ⇧Stadtkanal einfahren wollten, mussten das Kellertor passieren und Gebühren für die Ein- und Ausfuhr von Waren bezahlen. Das Kellertor wurde nach dem kurfürstlichen Weinkeller benannt, der der ⇧Heiliggeistkirche Platz gemacht hatte. Das Kellertor wurde bei dem Luftangriff in der Nacht vom 14. auf den 15. April 1945 zerstört. Nach dem Kellertor wurde auch die nahe gelegene Kellertorbrücke benannt.

Kirche im Stadtschloss
⇧Theater und Kirche im Stadtschloss

Klausberg
Der Klausberg ist ein markanter Punkt des Bornfelder Höhenzugs, auf dem 1770 bis 1772 ein ⇧Belevedere mit Blick auf den Park, die Stadt und die umgebenden Gewässer gebaut wurde. Mit der ⇧Orangerie neben dem ⇧Schloss ist das Belvedere über eine 600 Meter lange Allee verbunden. Ganz in der Nähe befindet sich auch das ⇧Drachenhaus. Am Südhang des Klausbergs befand sich vormals ein Weinberg.

Knobelsdorff-Haus
Georg Wenzeslaus von Knobelsdorff entwarf 1750 für den Standort neben dem ⇧Rathaus auf der Ostseite des Alten Marktes ein bürgerliches Wohnhaus, dessen Schauseite gleichzeitig den Ansprüchen zu genügen hatte, die Friedrich II. gelegentlich der Neugestaltung des Alten Marktes an die zentralen Gebäude seiner Residenzstadt erhob. Erfüllt wurden diese u.a. durch einen schmiedeeisernen, von zwei Atlanten getragenen Balkon im mittleren Geschoss und durch drei Figuren auf dem Dach aus der Werkstatt von Johann Peter Benkert. Den Luftangriff in der Nacht vom 14. auf den 15. April 1945 überstanden nur seine Außenmauern. Im Jahr 1965 wurde die Ostseite des Alten Marktes unter Wiederverwendung bestehender Fragmente wieder hergestellt. Der Eingang des Hauses liegt in der ehemaligen Brauerstraße.

Kommandantur
⇧Plögerscher Gasthof

Königlich-Preußische-Kriegsschule
Bereits 1859 war in der Waisenstraße (heute Dortustraße) eine Schule zur Heranbildung von Offizieren gegründet worden. Um den gestiegenen Ansprüchen nach der Reichsgründung gerecht zu werden, wies Kaiser Wilhelm II. einen Neubau an, der 1899 bis 1902 auf dem Potsdamer Brauhausberg errichtet wurde. Dies geschah unter Bezugnahme auf Schanzanlagen aus der Zeit der napoleonischen Eroberungsfeldzüge und unter Einbeziehung eines dort 1804 auf Wunsch von Friedrich Wilhelm III. für Königin Luise errichteten 64 Meter hohen Aussichtsturms („Belvedere auf dem Brauhausberg"). Im Jahr 1919 wurde die Kriegsschule geschlossen. Später beherbergte der Bau das Reichsarchiv und ab 1936 das Heeresarchiv. Das Gebäude wurde im Zweiten Weltkrieg schwer beschädigt, wieder aufgebaut und bis in das Jahr 1989 als Sitz der SED-Bezirksleitung und der SED-Kreisleitung genutzt. Nach Umbauarbeiten zog 1991 der Landtag Brandenburg ein, der dann Anfang 2014 in den Nachbau des Potsdamer ⇧Stadtschlosses wechseln wird.

Kolonnaden am Stadtschloss
Die „Ringerkolonnade" verband den ⇧Marstall mit dem westlichen Seitenflügel des ⇧Stadtschlosses und schloss damit insbesondere den ⇧Exerzierplatz im ⇧Lustgarten nordwärts zur Stadtseite hin ab. Die „Havelkolonnade" stand in der Verlängerung des östlichen Seitenflügels an der Vereinigung von Alter und Neuer Fahrt, den beiden die Freundschaftsinsel umschließenden Havelarmen.

Die Kolonnaden genzten also einerseits das ⇧Lustgartenareal ab, machten ihn andererseits aber auch transparent, zumal sie jeweils über einen Fußgängerdurchgang verfügten. Laut Nicolai (siehe Literaturverzeichnis S. 145) waren beide Kolonnaden „mit Gruppen und Statuen kolossalischen Ringern und Fechtern" besetzt. Im Zweiten Weltkrieg wurde die Ringerkolonnade auf einem Drittel ihrer Länge zerstört, während von der Havelkolonnade nur einzelne Bruchstücke zurückblieben. Nach dem Abriss des Stadtschlosses 1959/1960 wurde die Ringerkolonnade zerlegt und eingelagert und am neu errichteten Hafen wieder aufgestellt, nachdem 1969 auf dem Exerzierplatz direkt vor dem Stadtschloss ein Interhotel fertiggestellt worden war.

Kutschstall
Für den Neubau des Stalls der königlichen Kutschpferde ab 1787 entwarf Andreas Ludwig Krüger eine repräsentative Fassade im Stile des Klassizismus. Sein Portal wird von einer Quadriga gekrönt, die von Figurengruppen umgeben ist, die Kutscher und Stallburschen bei ihrer Arbeit zeigen. Der Stall bot Platz für 100 Pferde. Im Obergeschoss wohnten die Stallburschen und Vorreiter. Remisen auf dem Hof nahmen die Kutschen auf. Nach 1918 wurde der Kutschstall von der berittenen Polizei genutzt. Später waren hier und in den Nebengebäuden eine Tennishalle, ein Möbellager, Garagen und Werkstätten beheimatet und ab 1940 gab es hier einen Obst- und Gemüsemarkt. Im Jahr 1945 wurde das Stallgebäude durch Brand beschädigt, jedoch wieder hergestellt. In den Nachkriegsjahren gab es wiederum eine Autoreparaturwerkstatt. Dann übernahm der „Großhandelsbetrieb Obst, Gemüse und Speisekartoffeln" den Kutschstall und nutzte ihn als Lager und für die Verwaltung. Nach einer grundlegenden Sanierung konnte das Gebäude im Jahr 2003 seiner heutigen Bestimmung, das Haus der Brandenburgisch-Preußischen Geschichte als Museum zu beherbergen, übergeben werden.

Lange Brücke (Abb. 3)
Während die Potsdamer Havel durch die Freigabe des Sacrow-Paretzer-Kanals 1876 für die Schifffahrt an Bedeutung zu verlieren begann, nahm der Verkehr zwischen dem historischen Kern Potsdams hüben und der Teltower Vorstadt einschließlich ⇧Stadtbahnhof und Babelsberg drüben immer mehr zu, so dass die 1825 dem Verkehr übergebene Brücke mit ihren acht gusseisernen Bögen und einem aufklappbaren Schiffsdurchlass einem Neubau weichen musste, der die beiden die Freundschaftsinsel umschließenden Arme der Havel (Alte und Neue Fahrt) überspannen sollte. Dieser entstand in den Jahren 1886 bis 1888 und sollte bis 1958 im Gebrauch sein. Ihre Nachfolgerin wurde in den Dienst der Errichtung eines neuen sozialistischen Zentrums für Potsdam gestellt und so geplant, dass der Verkehr stadtseitig nicht mehr wie bisher rechts am ⇧Stadtschloss vorbei über den Alten Markt geführt wurde, sondern direkt über dessen Grundstück, weshalb dieses konsequenterweise – gegen vielfältigen Protest – 1960 abgerissen wurde.

Langer Stall
Im Jahr 1734 wurde nach den Plänen von Peter von Gayette eine Exerzier- und Reithalle in Fachwerkbauweise errichtet, die sich von der Breiten Straße bis zur Yorckstraße (ehem. Am Kanal) auf einer Länge von 167 Metern erstreckte. Bei einer Breite von 23 Metern hatte er eine freitragende Deckenkonstruktion. Ostwärts grenzte der Lange Stall an das Gelände des königlichen ⇧Kutschstalls am Neuen Markt, westwärts an die sog. „Plantage". Im Jahr 1781 wurde dem südlichen Eingangsbereich eine von Georg Christian Unger gestaltete Prachtfassade vorangestellt. Infolge des Luftangriffs in der Nacht vom 14. auf den 15. April 1945 brannte der Lange Stall ab. Nur das südliche Portal auf Höhe der Einbiegung der Werner-Seelenbinder-Straße (ehem. Mammonstraße) in die Breite Straße ist erhalten geblieben.

Lordmarschallhaus (Keith-Haus)
Lord-Marschall Georg Keith, ein Vertrauter von Friedrich II., errichtete 1764-1766 an der Lennéstraße (heutige Nr. 9) auf der Achse des ⇧Schlosses Sanssouci ein Wohnhaus, dessen Garten bis an die Allee am ⇧Grünen Gitter reichte. Um 1892 wurde für die Bewohner der Brandenburger Vorstadt ein Zugang zum ⇧Park Sanssouci durch den östlichen Teil des Gartens angelegt, der einen unmittelbaren Blick auf Schloss Sanssouci und seine Terrassen bietet (Abb. 13). Die umgangssprachliche Bezeichnung dieses Weges als „Affengang" geht auf einen Rhesusaffen zurück, den August Wilhelm von Preußen im Garten der ⇧Villa Liegnitz, die auf der östlichen Seite des Durchgangs lag, gehalten hatte.

Lustgarten am Stadtschloss
Der mit dem Stadtschloss verbundene Lustgarten war ursprünglich nach Norden und Westen durch eine Mauer gegen die Stadt begrenzt, während er nach Süden und Osten von der Havel umschlossen wurde. Nach 1700 war der Garten in Broderieparterre, Hafenbecken (⇧Neptunbassin), Boskett und Nutzgarten unterteilt (im Uhrzeigersinn). Durch die später vom Stadtschloss aus längs der Havel und auf den ⇧Marstall zu errichteten ⇧Kolonnaden, und nicht zuletzt durch die Führung der Potsdam-Magdeburger-Eisenbahn 1846 am Südrand des Lustgartens entlang, war dieser den Blicken aus dem Stadtraum zugänglich. Nach dem Zweiten Weltkrieg erfolgte der Bau eines Sportstadions auf dem ehemaligen ⇧Exerzierplatz des Lustgartens. Im Zuge der Errichtung eines neuen sozialistischen Stadtzentrums für Potsdam wurde das 1945 ausgebrannte ⇧Stadtschloss 1960 gesprengt, das schmiedeeiserne klassizistische Gitter, das den Lustgarten nach Westen abschloss, entfernt und später eingeschmolzen und das noch erhaltene ⇧Neptunbassin zugeschüttet. In den Jahren 1966 bis 1969 erfolgte der Bau eines Interhotels im ehemaligen Broderieparterre. Ein wenig beschädigter Teil der Ringerkolonnaden (⇧Kolonnaden) sowie ein Giebelrelief, Kapitelle und Putti des Schlosses fanden 1970 am unmittelbar angrenzenden, neu errichteten Hafen ihren Platz. 1976 bis 1983 entstand im Bereich des Neptunbeckens die Gartenanlage „Liebknecht-Forum" mit der Plastik „Herz und Flamme der Revolution" von Theo Balden. Anlässlich der Bundesgartenschau 2001 wurde das ehemalige Sportstadion beseitigt und der Lustgarten in Anlehnung an die historische Formgebung neu gestaltet.

Marmorkolonnade im Park Sanssouci
Aus der Verlängerung der Hauptallee bis zum späteren Baugrund des ⇧Neuen Palais ergab sich die Aufgabe, den ⇧Rehgarten, der zwischen diesem neu erschlossenen Areal und dem ursprünglichen Lustgarten des ⇧Schlosses Sanssouci lag, in die Gartengestaltung miteinzubeziehen. So entstand auf der Hauptallee innerhalb des Rehgartens ab 1751 ein Rondell, das nach einem knobelsdorffschen Entwurf mit zwei halbkreisförmigen Kolonnaden mit Säulen aus rosanem und weißem schlesischen Marmor bebaut wurde, der „Marmorkolonnade". Zwischen ihren Säulen standen vergoldete Figuren, durch die sich Wasser in acht große Marmormuscheln ergießen sollte (⇧Mühlenprojekt). Dieser Bau war schon nach wenigen Jahren so reparaturbedürftig, dass er 1797 kurzerhand wieder abgebrochen wurde, um Material für die Säulengänge des Marmorpalais im Neuen Garten zu gewinnen. Die großen Marmormuscheln wanderten indes zur ⇧Neptungrotte, zur Remise am Schloss Glienicke und zur Pergola von dessen Kasino.

Marstall am Stadtschloss
Im Jahr 1685 errichtete der Baumeister Johann Arnold Nering am ⇧Lustgarten westlich des damaligen ⇧Stadtschlosses – mit diesem später über die „Ringerkolonnade" (⇧Kolonnaden) verbunden – eine Orangerie, die bald darauf vom Soldatenkönig Friedrich Wilhelm I. zu einem Stall für die königlichen Reitpferde umfunktioniert wurde. Im Jahr 1746 wurde der Marstall dann unter der Regie

des Architekten Georg Wenzeslaus von Knobelsdorff umgebaut und erweitert, wobei die weithin bekannten Plastiken über den Eingängen („Pferdebändiger" und Reitergruppen) vom Bildhauer Friedrich Christian Glume geschaffen wurden. Dach und Figurenschmuck wurden im Zweiten Weltkrieg schwer beschädigt. Nach dem Krieg sollten ⇧Stadtschloss und Marstall zugunsten der Errichtung eines neuen sozialistischen Zentrums für Potsdam verschwinden. Während das ⇧Stadtschloss 1960 abgerissen wurde, setzte sich für den Marstall die Idee durch, in ihm ein Filmmuseum einzurichten. Die Wiederherstellung wurde im Jahr 1977 begonnen und 1980 abgeschlossen, so dass 1981 das Filmmuseum Potsdam eingerichtet werden konnte.

Militärwaisenhaus
Das ehemalige Große Militärwaisenhaus, das 1724 für bis zu 1.000 unversorgte Kinder von Militärangehörigen errichtet worden war, lag auf dem von Lindenstraße, Breite Straße, Waisenstraße und Spornstraße gebildeten Karree. Mit seinem Tempelturm (Monopteros) und der ihn krönenden Caritas-Figur über dem Haupteingang in der Lindenstraße ist es weithin sichtbar. Sein Bau wurde durch eine mildtätige Stiftung Preußens nach dem Vorbild der Halleschen Musteranstalten des Theologen August Hermann Francke ermöglicht. Zum Stiftungsvermögen gehörten insbesondere Betriebe zur Selbstversorgung, in denen die Zöglinge auch zu arbeiten hatten. Diese wurden aber auch an Tuchmanufakturen und die ⇧Gewehrfabrik vermietet. Während Jungen nach ihrer schulischen Ausbildung einen Handwerksberuf erlernten, wurden die Mädchen in der Hauswirtschaft unterrichtet. Vormilitärische Ausbildung gehörte insbesondere im 19. Jahrhundert zum Stundenplan. Nach dem Ersten Weltkrieg wurden nicht mehr nur die Kinder von Soldaten, sondern auch die Kinder von preußischen Staatsbeamten aufgenommen, wobei das Schulsystem des Waisenhauses die reformpädagogische Entwicklung aufnahm. Im Jahr 1938 wurde das Waisenhaus von der Militärverwaltung der Wehrmacht übernommen. Nach dem Krieg bestand die Stiftung mit veränderter Satzung unter dem Namen „Potsdamsches Großes Waisenhaus" weiter, bis sie 1952 enteignet und aufgelöst wurde. 40 Jahre später wurde die Stiftung durch Beschluss der Landesregierung wiederbelebt. Das Stiftungsvermögen besteht aus Grundbesitz und Hypothekenforderungen gemäß den beim Amt für offene Vermögensfragen gestellten Anträgen.

Mühlenprojekt
Das 1747 fertiggestellte ⇧Schloss Sanssouci sollte mit Wasserspielen wie der Großen ⇧Fontäne, der ⇧Neptungrotte und der heute nicht mehr vorhandenen ⇧Marmorkolonnade gekrönt werden. Dazu wurde ein Wasserbecken auf dem angrenzenden ⇧Ruinenberg gebaut, von dessen erhöhter Lage man sich einen ausreichenden Wasserdruck für die angeschlossenen Wasserspiele erhoffte. Um das Wasser aus der Havel in das Becken auf dem Ruinenberg zu befördern, war ein mehrstufiges, windmühlengetriebenes Pumpen- und Rohrsystem geplant. Dieses Vorhaben scheiterte letztlich wegen zu ungleichmäßigem Windantrieb und wurde trotz immenser Bemühungen und enormen Materialverbrauchs schließlich 1780 eingestellt. Eine zuverlässige Speisung der Wasserspiele erfolgt dann ab 1842 durch die Pumpe im ⇧Dampfmaschinenhaus („Moschee") an der Neustädter Havelbucht.

Nauener Tor
Das Nauener Tor wies den Weg in Richtung Norden, nach Nauen und Spandau und markiert gleichzeitig das Ausmaß der ab 1733 in Angriff genommenen Zweiten Stadterweiterung (⇧Stadtmauer). Das Nauener Tor gilt weithin als eines der frühesten Bauwerke, die nach dem Vorbild der englischen Neugotik auf dem europäischen Kontinent entstanden sind. Dagegen sieht der Kunsthistoriker Alfred P. Hagemann in den gotischen Merkmalen des Nauener Tors, welches

für den Abreisenden, nicht aber für den Anreisenden ersichtlich war, einen Verweis auf den „symbolischen Übergang zwischen Kultur (Potsdam) und ungebändigter Natur (Mark)“, galt Friedrich II. doch alles Gotische als barbarisch bzw. mittelalterlich. Es ist auch nicht ausgeschlossen, dass die Rundtürme des Nauener Tors diejenigen des Schlosses Rheinsberg paraphrasieren sollten.

Neptunbassin im Lustgarten des Stadtschlosses
Unter dem Großen Kurfürsten Friedrich Wilhelm von Brandenburg wurde der ursprüngliche ⇧Lustgarten am ⇧Stadtschloss ab 1660 durch Aufschüttungen am Fluss in eine rechteckige Form gebracht und unter Friedrich I. ein Hafenbecken (⇧Neptunbassin) für Lustschiffe angeschlossen, von dem sich das heutige Neptunbassin ableitet. Unter Friedrich II. erhielt dieses Hafenbecken eine steinerne Einfassung und in der Mitte eine vergoldete Neptungruppe, die 1793 in Sandstein neu errichtet wurde. Mit Erhöhung des am Südende des Lustgartens vorbeiziehenden Bahndamms 1903 wurde der Verbindungskanal zwischen Havel und Neptunbassin gekappt. Im Zuge des Schlossabrisses wurde das Bassin zugeschwemmt und die Neptungruppe demontiert. An seiner Stelle entstand später ein Parkplatz für die Gäste des neuen Interhotels und der Weissen Flotte. Zur Bundesgartenschau 2001 wurde das Neptunbassin mit Überresten der Neptungruppe neu angelegt.

Neptungrotte im Park Sanssouci
Die Neptungrotte war eines der von Friedrich II. in Auftrag gegebenen Wasserspiele für den ⇧Park Sanssouci. Es liegt ostwärts der ⇧Bildergalerie und ist damit der erste Bau rechterhand, wenn man durch das ⇧Obeliskportal den Park betritt. Die aus weißem und rosanem schlesischem Marmor errichtete pavillonartige Grotte wurde beidseitig von einer Kaskade von Muschelschalen flankiert, durch die Wasser fließen sollte, das zuerst von der Havel ins Wasserbecken auf dem ⇧Ruinenberg hätte gepumpt werden müssen, um sodann die Wasserspiele im Park mittels des natürlichen Gefälles kontinuierlich versorgen zu können (⇧Mühlenprojekt).

Neue Kammern im Park Sanssouci (Abb. 24)
Die Neuen Kammern entstanden ursprünglich als Orangerie, die ab 1745 nach Plänen Georg Wenzeslaus von Knobelsdorffs errichtet wurde und in den Wintermonaten die Kübelpflanzen von den Schlossterrassen beherbergen sollte. Der Umbau zu einem Gästehaus wurde 1771 unter der Leitung von Georg Christian Unger begonnen. Die wesentlichen Bestandteile am Außenbau einschließlich der bis auf den Boden reichenden Fenstertüren und der Rampen für die schweren Gefäße blieben erhalten. Der Mittelteil bekam eine Kuppel wie die gegenüberliegende ⇧Bildergalerie. Im Innern wurden sieben Gästequartiere und zwei Festsäle geschaffen, darunter den mit edlen Steinen ausgekleideten zentralen Jaspissaal.

Neues Palais im Park Sanssouci (Abb. 16 und 18)
Das Neue Palais ist ein dreiflügliges und dreigeschossiges Schloss am Westrand des ⇧Park Sanssouci. Sein Mittelteil wird von einer weithin sichtbaren 55 Meter hohen Kuppel bekrönt. Sein Bau unter Friedrich II. als Schloss für Hofgäste begann 1763 direkt nach Beendigung des Siebenjährigen Krieges, auf diese Weise auch architektonisch die Vormachtstellung Preußens demonstrierend. Friedrich II nannte den Bau eher abschätzig eine „Fanfaronnade“ (Prahlerei). Den Gästen standen 200 Räume, vier Festsäle und ein Rokokotheater zur Verfügung, in dem auch heute noch Vorführungen stattfinden. Für gelegentliche Aufenthalte ließ sich Friedrich den südlichen Seitenflügel als Wohnung herrichten. Den westlichen Abschluss des Parks am Übergang zum dahinterliegenden sumpfigen Ödland bildeten prunkvolle Wirtschaftsgebäude, die „Communs“. Der Platz zwischen Communs und dem Neuen Palais mit seinem Hauptportal

war Veranstaltungsort für groß angelegte Feste und Militärzeremonien. Nach dem Tod Friedrichs II. verlor das Palais seine Funktion als zentraler Austragungsort von Festlichkeiten und diente später als Sommersitz für Friedrich III. und Wilhelm II.

Neustädter Tor mit Obelisken

Das Neustädter Tor wies den Weg in Richtung Westen, nach Brandenburg an der Havel und Lehnin. Sein letzter Standort markierte das Ausmaß der ab 1733 in Angriff genommenen Zweiten Stadterweiterung (⇧Stadtmauer). Seine letztgültige Form erhielt das Neustädter Tor 1753 vom Architekten Georg Wenzeslaus von Knobelsdorff durch zwei Obelisken, welche mit ägyptischen Hieroglyphen nachempfunden Symbolen versehen und jeweils mit einem preußischen Adler bekrönt waren. Zu beiden Seiten gab es je ein Häuschen für die Wachmannschaft und den Zoll. Zum Ende des Zweiten Weltkrieges wurde das Tor sehr stark zerstört und musste schließlich 1969 dem Ausbau der Breiten Straße (zeitweise Wilhelm-Külz-Straße) zur sozialistischen Magistrale weichen. Einer der beiden Obelisken, der die Kriegszerstörung überstanden hatte, wurde 1981 auf Höhe Breite Straße 17 in unmittelbarer Nähe seines alten Standortes aufgestellt.

Nikolaikirche

Der Vorgängerbau der heutigen Nikolaikirche, der mit seiner vorgeblendeten barocken Fassade im Kontrast zu den palladianischen Architekturformen des Alten Marktes und des ⇧Stadtschlosses gestanden hatte, brannte 1795 ab. Dass mit der Umsetzung des klassizistischen Entwurfs von Karl-Friedrich Schinkel – ein Kuppelbau mit dem Grundriss eines griechischen Kreuzes – erst in den Jahren 1830 bis 1837 begonnen werden konnte, lag insbesondere an den Kriegen gegen Napoleon. Während die Mittel anfänglich nur für ein flaches Satteldach reichten, wurde der ursprünglich geplante Kuppelbau schließlich per Kabinettsorder vom 1. Mai 1843 durchgesetzt. Aus statischen Gründen hatte Ludwig Persius dem kubischen Unterbau der Kuppel noch vier „Ecktürmchen" (Hermann, Seite 17) hinzugefügt. Das Gebäude überstand den Luftangriff in der Nacht vom 14. auf den 15. April 1945 weitgehend unversehrt, wurde jedoch bei den anschließenden Kämpfen um Potsdam durch sowjetischen Artilleriebeschuss zur Ruine.

Obelisk auf dem Alten Markt

Der Alte Markt wurde von Friedrich II. im Verlauf der 1740er und 1750er Jahre Schritt für Schritt als eine Phantasie in historischer italienischer Architektur gestaltet. Zusätzlich errichtete Friedrich auf dem Platz einen Obelisken mit vier Medaillons, die seine drei kurfürstlich-königlichen Vorgänger und sich selbst zeigten. Mit Blick auf das Italien der Renaissance, wo Obelisken die Rückkehr höherer Kultur symbolisieren sollten, inszenierte er damit den preußischen Staat und die ihn regierende Dynastie als Wegbereiter des Fortschritts, die die Barbarei des Mittelalters endgültig beendet hätten. Aufgrund der schweren Beschädigungen im Krieg wurde die Säule 1969 bis auf den Sockel abgetragen, zehn Jahre später jedoch neu errichtet. Dabei wurden die Medaillons mit den Hohenzollern durch Bildnisse der Baumeister von Knobelsdorff, von Gontard, Schinkel und Persius ersetzt.

Obeliskportal des Parks Sanssouci

Das Obeliskportal ist der östliche Zugang zum ⇧Park Sanssouci und öffnet den Zugang zur Hauptallee, die rund zwei Kilometer durch den Park direkt auf das ⇧Neue Palais zu führt. Es wird von der Schopenhauerstraße aus erreicht, keine 200 Meter vom Abzweig Hegelallee entfernt. Weitere 100 Meter sind es zum Triumphtor, dem Zugang zum alten ⇧Weinberg und zugleich ehemaliger Kristallisationspunkt einer von Friedrich Wilhelm IV. geplanten, jedoch nicht realisierten Triumphstraße. Das Obeliskportal besteht aus zwei Säulengruppen mit je vier korinthischen Säulen, die ein mit Vasen und Putten bekröntes Gebälk tragen. Von dem Portal ablaufend stehen zwei Mauern, die mit Sandsteinskulpturen der römischen Göttinnen Flora (Blumen) und Pomona (Früchte) geschmückt sind. Das Portal selbst wird durch ein niedriges gußeisernes Parktor verschlossen. Dieses Tor ist grün gestrichen und mit Gold verziert, ähnlich dem ⇧Grünen Gitter, jedoch nicht ganz so pompös. Wenige Meter vor dem Portal steht ein Obelisk, welcher dem Eingangsbereich seinen Namen gab. Der Obelisk wurde mit phantastischen Nachbildungen ägyptischer Schriftzeichen verziert, die seit einem Vierteljahrhundert als entziffert galten, aber als gedeutete Schrift offenbar nicht so faszinierend waren.

Oberrechnungskammer
⇧Brockessches Haus

Orangerieschloss im Park Sanssouci
Das Orangerieschloss wurde von 1851 bis 1864 im Stil der italienischen Renaissance auf dem Bornstedter Höhenzug errichtet. Sein Bau war eng mit der Planung einer etwa zwei Kilometer langen Triumphstraße auf dem Bornstedter Höhenzug verbunden. Die Architekten Friedrich August Stüler und Ludwig Ferdinand Hesse hatten den Bauplan nach Skizzen von Friedrich Wilhelm IV. gefertigt. Das Zentrum des Mittelbaus des Orangerieschlosses ist ein Gemäldesaal mit Kopien von Werken des Renaissancemalers Raffael, von dem aus man zu den aufwändig gestalteten Gäste- und Arbeitszimmern gelangte. Die beiden Seitenflügel mit Fussbodenkanalheizung dienten der Überwinterung der exotischen Kübelpflanzen aus dem ⇧Park Sanssouci und wurden von Eckpavillons abgeschlossen, in deren Erd- und Mezzaningeschossen Wohnungen für Hofbedienstete und Wirtschaftsräume eingerichtet wurden. Zusammen mit dem Schloss wurde eine weiträumige Terrassenanlage gestaltet, die südwärts bis zur Hauptallee reichte. Zusätzlich wurden mehrere Gärten angelegt und eine Sichtachse zum ⇧Belvedere auf dem Klausberg gestaltet. Während der Kämpfe um Potsdam im April 1945 blieb das Orangerieschloss weitgehend unbeschädigt.

Palais Barberini
Das Palais Barberini nahm die südliche Seite des Alten Marktes ein. Es bestand aus zwei Bürgerhäusern („Schulzische-Dieckowsche-Häuser") mit vorgebauter Palastfassade und war als einziges Gebäude in Potsdam unter dem Namen seines Vorbildes bekannt, dem Palazzo Barberini in Rom. Um 1850 wurde es nach Entwürfen von Ludwig Persius und Ludwig Ferdinand Hesse um zwei zur Havel gerichtete Seitenflügel erweitert und fortan vor allem als Stätte des Potsdamer Kultur- und Vereinslebens genutzt. 1912 kaufte die Stadt Potsdam das Gebäude und richtete darin 1916 Büroflächen für die Stadtverwaltung ein. In den 1930er Jahren wurde der rechte Seitenflügel als Jugendherberge genutzt; ab 1938 diente auch der linke Flügel diesem Zweck. Bei dem Luftangriff in der Nacht vom 14. auf den 15. April 1945 wurde das Gebäude weitgehend zerstört und die Ruine in der Nachkriegszeit abgetragen. Im Rahmen einer geplanten Neubebauung des seitdem als Grünfläche und Parkplatz genutzten Grundstücks und der Umgestaltung des Potsdamer Stadtzentrums einschließlich dem Neubau des Stadtschlosses ist eine weitgehend am Original orientierte Wiedererrichtung des Palastes Barberini geplant.

Park Sanssouci
Unterhalb des 1747 fertiggestellten ⇧Schlosses Sanssouci wurde ein ⇧Weinberg terrassiert und im anschließenden Parterre ein barocker Ziergarten angelegt mit Quartieren, in denen Obstbäume angepflanzt wurden. Auf die für barocke Gartenanlage unübliche Verbindung von Zier- und Nutzgarten weisen die Göttinnen Flora und Pomona hin, die das ⇧Obeliskportal am östlichen Parkausgang schmücken. Hier war der Ausgangspunkt der Hauptallee, die zunächst zur Großen ⇧Fontäne auf der Sichtache des ⇧Schlosses führte, im weiteren Ver-

lauf das Rondell mit der ab 1751 errichteten ⇧Marmorkolonnade erschloss und sich geradlinig bis zum ⇧Neuen Palais bzw. dessen zukünftigem Baugrund fortsetzte, das bis heute den Abschluss im Westen bildet. Im Jahr 1825 kam ein Areal hinzu, das südlich an den Park grenzte, auf dem dann das ⇧Schloss Charlottenhof errichtet wurde. Im Zuge dessen wurde das flache, stellenweise sumpfige Gelände unter Einschluss des barocken Zier- und Nutzgartens aus friderizianischer Zeit in einen offenen sanft hügeligen Landschaftspark umgewandelt, mit Sichtachsen zwischen ⇧Schloss Charlottenhof, den ⇧Römischen Bädern und dem ⇧Neuen Palais mit dem ⇧Freundschaftstempel aus der Zeit Friedrichs II. Im Park und auf dem angrenzenden ⇧Klausberg entstanden unter Friedrich II. und Friedrich Wilhelm IV. neben dem ⇧Schloss Sanssouci viele heute noch erhaltene Gebäude und Gartenarchitekturen, die in diesem kleinen Lexikon (meist mit dem Zusatz „... im Park Sanssouci") teilweise gelistet werden.

Plögerscher Gasthof (Abb. 6)

In der Schloßstraße 7 (Ecke Hohewegstraße) baute Carl Ludwig Hildebrandt 1754 für den Gastwirt Johann Christoph Plöger eine Kopie des von Andrea Palladio entworfenen Palazzo Valmarana in Vicenza. Die Fassade des Plögerschen Gasthofes, der unter dem Namen „Gasthof zum Prinzen von Preußen" bewirtschaftet und ab 1816 als Kommandantur der preußischen und später der deutschen Armee genutzt wurde, war reich verziert und das Dach war mit acht Attika-Skulpturen von Johann Peter Benkert bekrönt. Sie stellten antike Gottheiten dar, die mit Essen, Trinken und der Musik in Verbindung standen. Das Gebäude wurde während des Luftangriffs in der Nacht vom 14. auf den 15. April 1945 schwer beschädigt und infolge Artilleriebeschusses bei der abschließenden Eroberung Potsdams durch die Rote Armee bis auf das Frontmauerwerk und dessen Schaufassade zerstört. Diese Überreste wurden 1958 entfernt, da sie der breit angelegten Verbindung zwischen der ⇧Langen Brücke und der Friedrich-Ebert-Straße (ehem. Nauener Straße) im Wege standen. Die Attika-Skulpturen wurden schließlich an der Hauptallee vom ⇧Park Sanssouci in Höhe des ⇧Orangerieschlosses aufgestellt.

Peter-und-Paul-Kirche

Die katholische Kirche St. Peter und Paul liegt am Westrand des ⇧Bassinplatzes, dem größten der drei barocken Stadtplätze Potsdams. Auf ihrer Achse liegt die Brandenburger Straße, die westlich auf das ⇧Brandenburger Tor am Luisenplatz trifft. Der eklektizistische Kirchenbau mit seinem 64 Meter hohen Glockenturm, der dem Campanile von San Zeno im italienischen Verona nachgebildet ist, wurde 1870 fertiggestellt und diente damals sowohl der Potsdamer Pfarrgemeinde als auch den katholischen Soldaten, die in der Stadt stationiert waren.

Rehgarten im Park Sanssouci

Im Jahr 1746 wurde westlich des Lustgartens am ⇧Schloss ein Jagdrevier angelegt, der sogenannte Rehgarten. Die Jagd in diesem Areal wurde jedoch bald aufgegeben. So konnte die Hauptallee verlängert und alsbald mit ersten Figuren ausgestattet werden und das waldige Gelände des Rehgartens nach und nach gartenarchitektonisch mit einbezogen werden. Im Zentrum dieses Areals wurde ab 1751 die ⇧Marmorkolonnade nach dem Entwurf von Georg Wenzeslaus von Knobelsdorff errichtet, jedoch bereits 1797 wieder abgebrochen. Und am Ende der Hauptallee ließ Friedrich II. an Stelle einer begonnenen Grotte zwischen 1763 und 1769 das ⇧Neue Palais mit einem halbkreisförmigen Rasenparterre anlegen. Ab 1821 wurde unter Beibehaltung der barocken Hauptallee der gesamte Rehgarten nach und nach landschaftlich umgestaltet und ab 1826 das Hopfenkruggelände zwischen dem Klausberg und dem Rehgarten als Landschaftsgarten einbezogen.

Römische Bäder im Park Sanssouci (Abb. 28)
Die Römischen Bäder wurden zusammen mit einem Teehaus, einem Gärtnerhaus (1829/30) und einem Gärtnergehilfenhaus (1832) gleich im Anschluss an das Schloss ⇧Charlottenhof (1826–1829) gebaut, wenige 100 Meter nordöstlich von diesem. Während das Bad als antike Villa und das Teehaus als antiker Tempel gestaltet wurden, erscheinen die Gärtnerhäuser im italienischen Landhausstil. Dieses Ensemble grenzt an einen künstlichen See, den Maschinenteich, der einer 1923 abgerissenen dampfmaschinengetriebenen Pumpe als Puffer für die Versorgung der Wasserspiele im Schloss Charlottenhof diente.

Ruinenberg hinter dem Schloss Sanssouci
Auf dem zum ⇧Schloss Sanssouci benachbarten Hüneberg mit einem von Friedrich Wilhelm I. angelegten Gehege zur Rebhuhn- und Fasanenjagd wurde ab 1748 auf der Sichtachse zum Ehrenhof des Schlosses Sanssouci von Georg Wenzeslaus von Knobelsdorff ein Wasserbecken errichtet. Dieses sollte der Speisung der Wasserspiele im ⇧Park Sanssouci dienen und wurde mit künstlichen Ruinen als antikisierenden Gestaltungselementen ausgeschmückt. Anregungen kamen offenbar durch Markgräfin Wilhelmine von Bayreuth, einer Schwester Friedrich II., die den Park um die Bayreuther Eremitage mit künstlichen Ruinen versehen ließ, und durch Ruinenprojekte, die bereits in der Kronprinzenzeit Friedrichs in Rheinsberg entstanden waren. Das Wasserbecken verwahrloste, weil seine Speisung mit Havelwasser in der Ära Friedrichs II. technisch unbewältigt blieb (⇧Mühlenprojekt). Erst mit Hilfe der seinerzeit größten Dampfmaschine Deutschlands wurde es 1842 möglich, Havelwasser über eine 1,8 Kilometer lange Druckleitung kontinuierlich in das dafür instandgesetzte Bassin auf den Ruinenberg zu pumpen und so alle Verbraucher im Park Sanssouci adäquat zu versorgen.

Schafgraben im Park Sanssouci
Der Schafgraben zählt als Nebenwasserlauf der Havel, obwohl er keine natürliche Entwässerung des Umlands darstellt, sondern als Abfluss der Wasserspiele im ⇧Park Sanssouci angelegt wurde. Aktuell verbindet er den Friedensteich an der ⇧Friedenskirche im Marlygarten mit dem Maschinenteich bei den ⇧Römischen Bädern, um dann einen knappen Kilometer durch das Stadtgebiet in südliche Richtung zur Havel abzufließen. Während des Baus des ⇧Neuen Palais diente er in entsprechend ausgebauter Form der Zulieferung des über die Havel eintreffenden Baumaterials.

Schauspielhaus
Während die Potsdamer Hofgesellschaft ab 1748 ein ⇧Theater im ⇧Stadtschloß und seit 1768 ein diesem nachempfundenes Theater im Südflügel des ⇧Neuen Palais besuchen konnte, wurde zu „Dem Vergnügen der Einwohner" von 1793 bis 1795 am ⇧Stadtkanal mit öffentlichen Mitteln ein Königliches Schauspielhaus errichtet. Die Attika der Gebäudefront schmückte ein Figurenfries nach dem Entwurf des Bildhauers Johann Gottfried Schadow, das die Brüder Johann Christoph und Johann Michael Christoph Wohler ausführten. Nach dem Jahr 1800 fanden seltener Aufführungen statt und das Haus wurde geschlossen. Ab dem Jahr 1846 wurde das Theater von einem Unternehmer kommerziell betrieben. Und im Jahr 1938 wurde es eine städtische Bühne. Das Königliche Schauspielhaus wurde am 21. Dezember 1940 bei einem nächtlichen Bombenangriff schwer beschädigt und bei den Kämpfen der letzten Kriegstage um Potsdam in Brand geschossen und zerstört. Von 1949 bis 1992 wurde die ehemalige Gaststätte „Zum Alten Fritz" in der Zimmerstraße und dann die „Blechbüchse" an der ⇧Langen Brücke als jeweilige Dauerprovisorien benutzt, ehe 2006 das neu erbaute Hans-Otto-Theater in der Schiffbauergasse zur endgültigen Heimstätte des Potsdamer Theaters werden konnte.

Schloss Sanssouci
Am Giebel des Schlosses über den Weinbergterrassen steht „Sans, Souci.", was gemeinhin mit „Ohne Sorgen" übersetzt wird, wegen der Zeichensetzungen jedoch auch zu Deutungen wie „Ohne Vater-Religion-Penis keine Sorge" (Sans virgule souci point) geführt hat. Jedenfalls verfügte Friedrich II. per Kabinettsorder vom 13. Januar 1745 den Bau eines ebenerdigen Gebäudes auf dem Bornimer Höhenzug, von dem man direkt auf eine breite Terrasse und über einen terrassierten Hang mit Wein- und Obstreben in den Lust- und Nutzgarten gelangen sollte. Nach nur zwei Jahren Bauzeit fand am 1. Mai 1747 die Einweihung dieses „Weinbergschlosses" statt, in dem Friedrich II. nunmehr – außer in Kriegszeiten – von Ende April bis Anfang Oktober lebte. Bald 100 Jahre später ließ Friedrich Wilhelm IV. die Seitenflügel zugunsten seiner Hofhaltung abreißen und unter Leitung des Architekten Ferdinand von Arnim verlängern und aufstocken. Unter der Regierung Wilhelm I. wurde es zum ersten Schlossmuseum in Deutschland. Nach dem Sturz Wilhelm II. am Ende des Ersten Weltkrieges wurde das Vermögen, der Grundbesitz und die Immobilien des Hauses Hohenzollern beschlagnahmt. Infolge der anschließenden Vermögensauseinandersetzung zwischen dem preußischen Staat und dem Haus Hohenzollern gingen 1926 u.a. die Immobilien in Potsdam – bis auf die Villen Ingenheim, ⇧Liegnitz und Alexander sowie bedingt das Schloss Cecilienhof – per Gesetz an den preußischen Staat. Die ein Jahr später gegründete preußische „Verwaltung der Staatlichen Schlösser und Gärten" bekam die Aufgabe, die Schlossanlagen zukünftig der Öffentlichkeit als Museen zugänglich zu machen. Nachdem im Zweiten Weltkrieg 1940 die Luftangriffe auf Berlin begonnen hatten, wurden etliche Kunstgegenstände nach Rheinsberg und Bernterode ausgelagert, während viele Möbel und Skulpturen im Schloss verblieben. Die Kämpfe um Potsdam im April 1945 überstand das Schloss Sanssouci unbeschadet. 1966 begann eine umfassende Gebäuderestaurierung. Seit 1981 sind gewisse Bereiche des Schlosses wieder für die Öffentlichkeit zugänglich.

Sizilianischer Garten im Park Sanssouci
Ab 1856 entstand westlich des Schlosses und unterhalb der Maulbeerallee der mit südlichen Gewächsen ausgestattete Sizilianische Garten. Als Gegenstück wurde nördlich der Maulbeerallee der Nordische Garten mit seinem vielfältigen Bewuchs an Koniferen angelegt. Die beiden Gärten sind Fragmente einer „Triumphstraßenplanung" Friedrich Wilhelms IV.

Stadtbahnhof
⇧Bahnhof

Stadtkanal (Abb. 10)
Bis ins 18. Jahrhundert bestand Potsdams nördliche Stadtgrenze aus einem Wassergraben, der auf einer Länge von rund anderthalb Kilometern zusammen mit der Potsdamer Havel die Stadt umschloss und für eine bessere Entwässerung der angrenzenden Sumpfgebiete sorgte, insbesondere der „Plantage" an der Waisenstraße (heute Dortustraße). Im Jahr 1722 ließ Friedrich Wilhelm I. den Graben vertiefen und seine Wände mit Palisaden aus Eichenholz verschalen. Damit war der Stadtkanal durchgängig schiffbar und erwies sich insbesondere während der zweiten Stadterweiterung (⇧Stadtmauer) als sehr nützlich für den Transport der benötigten Baumaterialien. Unter Friedrich II. erhielt der Stadtkanal Mauern und Brücken aus Stein. In den Jahren 1962 bis 1965 wurde der Stadtkanal mit der Begründung einer zunehmenden Geruchsbelästigung zugeschüttet. Die Brücken wurden 1965 abgetragen, bis auf die ⇧Breite Brücke, die noch bis zum Jahr 1970 stand.

Stadterweiterungen
⇧Stadtmauer

Stadtmauer
Solange die Grenzen des Stadtgebietes im Süden von der Havel und im Norden von einem durchgehenden, teilweise an Sumpfgebiete grenzenden Wassergraben markiert wurde, waren keine besonderen Maßnahmen nötig, um die Soldaten der in Potsdam stationierten Truppen an einer Desertion zu hindern. Unter Friedrich Wilhelm I., der das ⇧Stadtschloss nach seinem Amtsantritt als eins der wenigen repräsentativen Standorte behalten hatte, wurde Potsdam zur Garnison, womit sich das Stadtgebiet von 1713 an über den zum schiffbaren Kanal ausgebauten Wassergraben hinaus ausdehnen sollte („Erste Stadterweiterung"). An den neuen Stadtgrenzen vom Kiez an der Havel über die Lindenstraße im Westen und der Charlottenstraße im Norden und Osten wurde eine „Accise- und Desertations-Communication" mit vier Toren errichtet. Ab 1733 entstand dann nördlich der Charlottenstraße ein neues Quartier („Zweite Stadterweiterung"), wofür holländische Baumeister und Handwerker angeworben wurden („Holländisches Viertel"). Infolgedessen musste die alte Stadtmauer abgerissen und nunmehr längs Schopenhauerstraße, Hegelallee, Hebbelstraße und Türkstraße (aktuelle Straßennamen) neu errichtet werden. Die dafür neu errichteten Tore sind größtenteils als Solitaire erhalten geblieben. Überreste der Stadtmauer können in der Großen Fischerstraße nahe der Havel betrachtet werden.

Stadtmuseum (Potsdam-Museum)
Die erste Heimstätte des 1909 gegründeten, aus dem Potsdamer Kunstverein von 1908 hervorgegangenen Museumsvereins Potsdam lag in der Brauerstraße 8, in unmittelbarer Nachbarschaft zum ⇧Knobelsdorff-Haus (Nr. 10). Für Ausstellungen wurde auch der ⇧Marstall und später dann das ⇧Stadtschloss genutzt. Infolge der Kriegszerstörungen im Bereich des Alten Marktes wurde der Hauptsitz des Stadtmuseums ins Naturkundemuseum (⇧Ständehaus) in der Breiten Straße 13 verlegt, während Ausstellungen in den ⇧Hiller-Brandtschen Häusern (Breite Straße 8-12) sowie später im historischen Holländerhaus in der Benkertstraße 3 stattfanden. Schließlich konnte das Potsdam-Museum gemeinsam mit dem Potsdam-Forum 2012 ins ⇧Alte Rathaus umziehen, wo auch wieder großzügige Ausstellungsflächen zur Verfügung stehen.

Stadtschloss (Abb. 2)
Das Potsdamer Stadtschloss lag am Havelübergang (⇧Lange Brücke) zum südlich gelegenen Babelsberg bzw. Teltow und ging aus einer früheren Befestigungsanlage gegenüber der ostseitigen Mündung der Nuthe in die Havel hervor. Vom Westen führte die Breite Straße, vom Osten die Burgstraße und vom Norden die Hohewegstraße auf das Schlossareal zu, das von der Havel durch den Lustgarten und vom ⇧Stadtkanal durch den Alten Markt getrennt war. Die Pracht seiner Innenausstattung machte es zu einem Hauptwerk des Friderizianischen Rokoko. So wie es unter Friedrich II. durch Georg Wenzeslaus von Knobelsdorff in den Jahren 1744–1751 als Vierflügelanlage gestaltet worden war, so ging es auch infolge des Luftangriffs in der Nacht vom 14. auf den 15. April 1945 zugrunde und wurde schließlich zugunsten der Errichtung eines neuen sozialistischen Zentrums für Potsdam in den Jahren 1959 bis 1960 gesprengt und abgetragen. Sein Baukörper soll unter Einbeziehung von geretteten Originalteilen als Residenz des Brandenburgischen Landtags bis 2014 wiederhergestellt werden. Für etliche seiner Zusatzbauten gibt es Einträge in diesem Lexikon

S

Ständehaus
Das Haus in der Breiten Straße Nummer 11 bis 13 diente bis in das 19. Jahrhundert als Ständehaus, d.h. als Tagungsort der adligen, bürgerlichen und bäuerlichen Stände der Potsdamer Nachbarkreise. Dementsprechend thronen auf dem Mittelrisalit Justitia (die römische Göttin der Gerechtigkeit und des Rechtswesens) und Ceres (die römische Göttin des Ackerbaus). Das Ständehaus wurde

bereits ab 1815 als Wohnhaus genutzt, da ständische Vertretungen im Zuge der Stein-Hardenbergschen Reformen durch Parlamente abgelöst wurden. 1945 wurde es durch Bomben- und Artilleriebeschuss beschädigt. Seit Mitte der 1950er Jahre dient das seitdem mehrfach instandgesetzte Gebäude als Naturkundemuseum und hat seit 2005 wieder einen barocken Vorgarten.

Theater und Kirche im Stadtschloss
Unter Friedrich II. wurden die beiden Seitenflügel des ⇑Stadtschlosses aufgestockt und deren auf den Alten Markt gerichteten Kopfbauten ausgebaut und verziert. Der havelseitige Kopfbau war breiter angelegt, um Platz für ein Theater zu bieten. Der stadtseitige Kopfbau enthielt ursprünglich eine Kirche.

Villa Liegnitz
Die 1841 von Albert Dietrich Schadow erbaute Villa Liegnitz liegt am Rande des ⇑Park Sanssouci, zwischen der Straße „Am Grünen Gitter" und der Lennéstraße. Ihre Parkanlage mit Stibadium, Laubengängen und Springbrunnen existiert nicht mehr. Friedrich Wilhelm III. hatte die Villa für seine zweite Ehefrau bauen lassen, der er den Titel einer Fürstin von Liegnitz verlieh. Im Rahmen der Vermögensauseinandersetzung zwischen dem preußischen Staat und dem Haus Hohenzollern (⇑Schloss) blieb die Villa im hohenzollernschen Besitz und wurde dem vierten Sohn Wilhelms II., August Wilhelm Prinz von Preußen, überlassen, der dann 1945 enteignet wurde. Aktuell plant die Stiftung Preußische Schlösser und Gärten, die Bestände ihrer wissenschaftlichen Bibliotheken aus Charlottenburg und Potsdam in der Villa Liegnitz zusammenzuführen.

Weinberge im Park Sanssouci
Zu Sanssouci gehören zwei Weinberge (wenn man den früheren Weinberg am ⇑Klausberg nicht mitzählt): Einmal die 1746 fertiggestellten Terrassen unterhalb des Schlosses Sanssouci und dann der ab 1763 angelegte Winzerberg am Rande des ⇑Parks Sanssouci, zu dem man durch ein Triumphtor an der Ecke Schopenhauerstraße und Weinbergstraße gelangte. Während inländische Sorten jeweils frei stehen konnten, wurden die südländischen Sorten unter Glas gehalten. Neben Wein wurden auch Obstpflanzen gehalten und geerntet.

Windelbandsches Haus
Anlässlich der Errichtung des ⇑(nunmehr Alten) Rathauses und des ⇑Knobelsdorffhauses am Alten Markt wurde das zwischen ihnen liegende Windelbandsche Haus von 1735 mit einer neuen Schaufassade versehen. Um diesen Baukomplex auf der Ostseite des Alten Marktes zusammenzufassen, wurde das historische Windelbandsche Haus Anfang des 20. Jahrhunderts abgerissen und durch einen neuen Zwischenbau ersetzt, der durch den Luftangriff in der Nacht vom 14. auf den 15. April 1945 völlig zerstört wurde. Unter Wiederverwendung bestehender Fragmente wurde der Baukomplex auf der Ostseite des Alten Marktes wieder hergestellt, wobei der Zwischenbau komplett neu errichtet werden musste.

Sternwarte auf dem Telegrafenberg
Um den unzulänglichen Bedingungen für astronomische Beobachtungen in der Großstadt Berlin dauerhaft entgehen zu können, wurde am 1. Juli 1874 auf Initiative des Direktors der Berliner Sternwarte, Wilhelm Julius Foerster, das Astrophysikalische Observatorium Potsdam (AOP) gegründet. Zunächst wurde der Turm des Militärwaisenhauses in der Lindenstraße genutzt, von dem aus Gustav Spörer Sonnenbeobachtungen durchführte. Im Herbst 1876 begann der Bau des Hauptgebäudes auf dem Telegrafenberg, wo von 1832 bis 1848 eine optische Telegrafiestation bestanden hatte, mit der militärische Nachrichten zwischen Berlin und den neuerworbenen Provinzen im Westen ausgetauscht werden konnten. Im Herbst 1879 wurde dieses vollendet und seine Erstausstattung mit Instrumenten abgeschlossen. Zwanzig Jahre später wurde hier der

größte bis dahin gebaute Refraktor in einem Kuppelbau von 24 Metern Durchmesser fertiggestellt. Im Keller des Hauptgebäudes führte Albert A. Michelson 1881 zum ersten Male jenen berühmten Interferometerversuch zum Nachweis der Bewegung der Erde gegenüber dem Lichtäther durch, dessen „Misserfolg" als Ausgangspunkt für die von Einstein 1905 aufgestellte Spezielle Relativitätstheorie gilt. Um die von der Allgemeinen Relativitätstheorie vorhergesagte Rotverschiebung von Spektrallinien im Schwerefeld der Sonne nachzuweisen, wurde ein Turmteleskop konzipiert, für das der Architekt Erich Mendelsohn ein einzigartiges expressionistisches Bauwerk schuf. Mit der Fertigstellung eines 122-cm-Spiegelteleskops im Jahr 1915 – seinerzeit das zweitgrößte Fernrohr der Welt – war die Babelsberger Sternwarte das bestausgerüstete Observatorium Europas.

Zivilcasino

Der Architekt Karl Friedrich Schinkel erhielt 1818 den Auftrag für ein Gesellschaftshaus der Potsdamer Casinogesellschaft[60], das als dreigeschossiger Putzbau – unter anderem mit großem Tanzsaal und diversen Gesellschaftsräumen – 1819 bis 1823 von Christian Heinrich Ziller in der Waisenstraße (heute Dortustraße) 19 bis 23 errichtet wurde. Infolge des Luftangriffs in der Nacht vom 14. auf den 15. April 1945 wurde das Gebäude völlig zerstört.

T-Z

60 Casinogesellschaften waren ein Phänomen des aufstrebenden Bürgertums, das sich im 19. Jahrhundert Versammlungsstätten zur Freizeitgestaltung aber auch zur Diskussion des Tagesgeschehens zu errichten begann. Mit der Gleichschaltung während des Nationalsozialismus lösten sich die meisten Casinogesellschaften auf. Der Verlagsbuchhändler August Bonness wurde am 4. Dezember 1944 im Zuchthaus Brandenburg wegen des Vorwurfs hingerichtet, er habe „vor Mitgliedern der Potsdamer Casino-Gesellschaft und einem Angestellten seines Verlagsgeschäftes wiederholt durch defaitistische Reden den deutschen Selbstbehauptungswillen zu zersetzen versucht". Trotz einiger Wiedergründungen nach dem Ende der Nazi-Diktatur konnte die alte Bedeutung im nationalen Maßstab nicht mehr erlangt werden.

Anhänge

Biografische Skizze

Georg Hermann wird am 7. Oktober 1871 in Berlin als jüngstes Kind des jüdischen Kaufmanns Hermann Borchardt geboren. Trotz des finanziellen Zusammenbruchs seines Elternhauses kann Georg das Gymnasium besuchen, das er mit der mittleren Reife verlässt, um eine Kaufmanns-Lehre in einem Krawattengeschäft zu absolvieren. Es folgt der obligatorische Militärdienst und eine anschließende Beschäftigung als statistischer Hilfsarbeiter.

Von 1896 bis 1899 studiert er Kunstgeschichte als Gasthörer an der Berliner Universität. Noch währenddessen veröffentlicht er seinen ersten Roman („Spielkinder" von 1897). Als Künstlernamen wählt Georg den Vornamen seines Vaters und kommt so dem Wunsch der Mutter nach, die Söhne mögen den Familiennamen nach dem schmachvollen Bankrott des Vaters wieder zu Ehren bringen. Seine Brüder, der Ägyptologe und Archäologe Ludwig (1863-1938) und der Architekt Heinrich (1867-1935), werden dies auf je eigene Weise ebenfalls tun.

Seine Studien ermöglichen es ihm, literarische Feuilletons, Kunstkritiken, städtbauliche Features sowie kleinere Erzählungen für zahlreiche Zeitungen in Berlin zu schreiben. 1901 wird er Angestellter beim Berliner Ullstein-Verlag und veröffentlicht über die Jahre eine Reihe viel beachteter kunstwissenschaftlicher Arbeiten. 1906 landet er mit „Jettchen Gebert" einen Roman-Bestseller, der die tragische Geschichte einer jungen Berliner Jüdin in den Jahren vor der bürgerlichen Revolution 1848 erzählt und auch „Die jüdischen Buddenbrooks" genannt werden wird.

Mit der Fortsetzung der Geschichte durch den Roman „Henriette Jacoby" kann er 1909 an diesen enormen Erfolg anknüpfen, während seine darauffolgenden Romane, die vor allem als Milieu-Studien seines geliebten Berlins (z.B. Kubinke, Aus guter alter Zeit, Die Nacht des Dr. Herzfeld, Heinrich Schön jr.) sowie als mehrbändige autobiografische Familien-Saga angelegt sind, diese Popularität nicht erreichen sollten. Seine pazifistische Einstellung und sein selbstbewusst vorgetragener jüdischer Internationalismus sollte ihn zum bevorzugten Hassobjekt der Nationalsozialisten machen.

Ab 1901 ist er mit Martha Heynemann verheiratet. Aus dieser Ehe gehen drei Töchter hervor (Eva, Hilde und Elise; ein Sohn verstirbt als Frühgeburt 1918). Eine weitere Tochter (Ursula) hat er mit Lotte Samter, mit der er seine zweite Ehe (wohl 1919) eingeht. Lotte stirbt 1926. Ihr hat der Autor auch dieses Büchlein gewidmet.

Während er mit Martha und den drei Töchtern mit Beginn des Ersten Weltkrieges nach Neckargmünd umgezogen ist, wo er dann auch mit Lotte und der gemeinsamen Tochter leben sollte, wohnen Martha und er mit Elise und Ursula vom August 1931 bis zum März 1933 in der sog. „Berliner Künstlerkolonie", in einem Haus an der Kreuzung Laubenheimer und Kreuznacher Straße. Um in der sich rasant zuspitzenden politischen Situation einer Verhaftung zuvorzukommen – seine Werke stehen auf der „Schwarzen Liste" und sollen im Mai 1933 bei den „Aktionen wider den undeutschen Geist" mitverbrannt werden –, fliehen sie zu viert und treffen am 2. oder 3. März bei seinem Freund und Verleger Emanuel Querido in Holland an.

Das Leben im Exil wird von Geldsorgen bestimmt und von der Erkenntnis, dass „eine Scholle nach der anderen … von der kleinen Insel in das Meer des Faschismus" bröckelt. Gleichwohl kann er das autobiografische Werk „Eine Zeit stirbt" sowie drei weitere Romane verfassen.

Nach der Besetzung Hollands durch die Deutsche Wehrmacht wird er Anfang 1943 gezwungen, sich von seinem Wohnort Hilversum nach Amsterdam zu begeben. Aus dem improvisierten Ghetto in Amsterdam wird er mit seiner Tochter aus zweiter Ehe und seinem Enkel, denen Verwandte aus der Schweiz noch rechtzeitig Pässe für die Ausreise besorgen können, in das Durchgangslager Westerbork überführt. Am 16. November 1943 wird er mit weiteren 994 „Juden aus dem Lager Westerbork" in das KZ Auschwitz deportiert, wo der Transport am 17. November eintrifft. Für den 19. November 1943 wird er als tot registriert. Es ist nicht bekannt, ob er nach der Selektion im Gas umkam oder bereits während des Transports.

Am (neu errichteten) Wohnhaus in der Kreuznacher Straße 28 in Berlin-Friedenau, in dem Georg Hermann von 1931 bis zu seiner Emigration lebte, ist eine „Berliner Gedenktafel" angebracht. Zum ehemaligen „Georg-Hermann-Garten" auf dem Gelände des Spielplatzes der Kita des Pestalozzi-Fröbel-Hauses gelangt man zum Beispiel über die Goßlerstraße 24-26. Hier befindet sich noch die 1962 errichtete Gedenkstele für Georg Hermann (siehe die Abb. 36).

Vom Autor erwähnte Literatur

Fidicin, Ernst (1858), Geschichte der Stadt und Insel Potsdam. Berlin im Selbstverlag des Verfassers.

Heilborn, Adolf (1921): Die Reise nach Berlin. Mit Zeichnungen von Wilhelm Plünnecke; Hrsg. von der Berliner Morgenpost.

Horvath, Carl Christian (1798): Potsdams Merkwürdigkeiten beschrieben und durch Plans und Prospekte erläutert; Potsdam im eigenen Verlag.

Kania, Hans Leopold (1909): Friedrich der Große und die Architektur Potsdams; Potsdam bei Verlag Max Jaeckel.

Kania, Hans (1915): Potsdamer Baukunst. Ein Darstellung ihrer geschichtlichen Entwickelung; Potsdam bei Verlag Max Jaeckel.

Kania, Hans (1923): Friedrich der Große und Potsdam; Gesellschaft zur Verbreitung klassischer Kunst.

Manger, Heinrich Ludwig (1783): Nachricht von dem neuen Grundbaue zu einer Anzahl Häuser in Potsdam auf einem ehemaligen Sumpffe.

Manger, Heinrich Ludwig (1783-1801): Beitrag zur praktischen Baukunst in 3 Bänden.

Manger, Heinrich Ludwig (1789): Baugeschichte von Potsdam, besonders unter der Regierung König Friedrichs des Zweiten.

Nicolai, Friedrich (1786): Beschreibung der königlichen Residenzstädte Berlin und Potsdam; Berlin bei Friedrich Nicolai.

Nowak, Karl Friedrich (1909): Sanssouci. Mit Bildern von Franz von Bayros; Leipzig bei Klinkhardt & Biermann.

Schneider, Louis (Herausgeber, ab 1862): Mitteilungen des Vereins für die Geschichte Potsdams.

Sello, Georg (1888): Potsdam und Sans-Souci. Forschungen und Quellen zur Geschichte von Burg, Stadt und Park; Breslau bei Schottländer.

Sternaux, Ludwig (1924): Potsdam, ein Buch der Erinnerung; Berlin bei Edwin Runge.

Sternaux, Ludwig (1926): Das unbekannte Potsdam; Berlin bei A.W. Hayn's Erben.

Sternaux, Ludwig (1929): Unter dem Glockenspiel. Häuser und Menschen im alten Potsdam; Berlin bei A.W. Hayn's Erben.

Sternaux, Ludwig (1930): Schloß Lindstedt (den in Berlin versammelten Mitgliedern der Maximilian-Gesellschaft zu deren Tagung am 9. Febr. 1930 überreicht); Berlin bei A.W. Hayn's Erben.

Sternaux, Ludwig (1930): Potsdamer Pastelle; Berlin bei A.W. Hayn's Erben.

Sternaux, Ludwig (1938): Wir fahren nach Potsdam. Mit einem Vorwort von Hans Hupfeld und Zeichnungen von Wilhelm Plünnecke; Berlin bei Hayn's Erben.

Zieler, Otto (1913): Potsdam. Ein Stadtbild des 18. Jahrhunderts; Berlin bei Weise.

Editorische Notizen

- Sämtliche Fußnoten und Verzeichnisse mitsamt Anhängen sowie das „Kleine Potsdam-Lexikon“ wurden vom Verlag hinzugefügt.
- Der Untertitel „Nachricht aus einer versunkenen Stadt“ wurde hinzugenommen, um den Bezug zur Situation vor dem Zweiten Weltkrieg zu verdeutlichen.
- Der Text der Ausgabe des Rembrandt Verlags von 1926[61], dem diese Edition zugrunde liegt, fließt ohne Überschriften und ist nur beim Übergang in den Park Sanssouci durch einen größeren Absatz getrennt. Die hier vorgenommene Einteilung des Spaziergangs in die Kapitel „Schloss“, „Stadt“ (Altstadt, Stadterweiterungen) und „Park“ einschließlich weiterer Unterkapitel orientiert sich an den vom Autor gesetzten Schwerpunkten.
- Die Schreibweise eines Personennamens im Text wurde nur angepasst, falls ein offensichtlicher Irrtum vorlag oder falls für den heutigen Leser Irritationen entstehen könnten. Das Personenverzeichnis folgt dagegen der heute üblichen Schreibweise.
- Die Rechtschreibung wurden weitestgehend belassen. Lediglich offensichtliche Druckfehler wurden korrigiert.
- Der sehr dynamische Umgang mit den Sonderzeichen › … ‹ und › – ‹ in der Orginalausgabe wurde an einigen Stellen durch entsprechende Ergänzungen oder Weglassungen harmonisiert.
- Den 16 Fotos aus Potsdam und vom Park Sanssouci, die in der Originalausgabe enthalten sind, wurden jeweils aktuelle Fotos von demselben Standort zur Seite gestellt. Recherchen insbesondere bei der VG Bild und Kunst erbrachten keine Hinweise auf mögliche Inhaber der Urheberrechte für die der Originalausgabe entnommenen Fotos.
- Der Verlag dankt der Stiftung Preussische Schlösser und Gärten Berlin-Brandenburg (SPSG) für die freundlich gewährte Genehmigung zur Veröffentlichung der auf dem Gelände des Parks Sanssouci aufgenommen Fotos.
- Die Miniatur auf der Umschlagrückseite bzw. auf Seite 1 wurde von der Graphik auf der Umschlagvorderseite der Ausgabe von 1926 gewonnen.

61 Die Deutsche Nationalbibliothek weist 1925 als Erscheinungsjahr aus. Dies ist jedoch nicht mit der Widmung für die am 4. Februar 1926 verstorbene Frau des Autors vereinbar.

Abbildung 34 (Foto vom 17.01.2014): Diese Gedenkstele für den 1943 im KZ Auschwitz ermordeten Georg Hermann befindet sich auf dem Gelände der Kindertagesstätte des Pestalozzi-Fröbel-Hauses mit der Adresse Bundesallee 79–81 in 12161 Berlin-Friedenau. Ursprünglich war sie Mittelpunkt des „Georg-Hermann-Gartens", der 1962 auf dem Gelände des Parks der „Villa Sarrazin" als Gedenkort eingeweiht worden war. Die Villa selbst wurde 1978 für den Kindertagesstätten-Neubau abgebrochen.